ZHONGGUO
YANGLAO
BAOXIAN
KUOMIAN WENTI
YANJIU

中国养老保险扩面问题研究

吴永求 著

中国人民大学出版社
·北京·

前　言

本书在总结养老保险扩面相关理论的基础上，回顾了我国养老保险的改革历程，并对国内外养老保险制度进行了全面比较，为我国养老保险改革与发展提供了参考与借鉴。通过对国内外相关理论与实践的经验借鉴，书中对我国养老保险覆盖率水平进行了测算与评价，进而提出了我国养老保险覆盖面扩大所面临的四大挑战，并通过理论分析与实证检验的方法对影响养老保险覆盖面扩大的原因进行了较为深入的分析；同时，本书利用第六次人口普查的数据资料，在对未来老龄化趋势进行预测的基础上，估算了养老保险覆盖面扩大对基金财务可持续性的影响，并提出了扩大我国养老保险覆盖面的政策建议。

本书的主要结论及观点包括：

1. 我国养老保险覆盖率水平偏低

虽然近几年来，我国相继出台了《国务院关于开展新型农村社会养老保险试点的指导意见》和《国务院关于开展城镇居民社会养老保险试点的指导意见》等政策，把广大农民和城镇非从业人员纳入了养老保险保障体系，但是根据本书的计算，2011 年我国养老保险总体覆盖率水平只有 63.7%，与全面建设小康社会目标及 OECD 等发达国家 90%的平均水平仍然存在很大的差距。此外，在参保人员结构上也不合理，具体表现为非正式部门参保率低、年轻人参保率低、参保缴费档次低（针对城乡居民养老保险）等特征。

2. 养老保险扩面工作面临许多挑战

当前，我国养老保险扩面主要面临四大挑战：一是制度碎片化的挑战。现行的养老保险体系表现为各种不同项目的累积，没有构成统一的有机整体，由此导致的制度不透明和交易成本上升降低了居民参保的积极性。二是财务可持续性的挑战。在人口结构迅速老龄化的趋势下，未来养老金支付风险不断增加，人们开始担心政府可能采取一些不利于参保人的措施来解决困难，这种预期影响了制度的可信度以及公众参保的积极性。三是制度设计缺陷的挑战。过低的替代率、转移衔接制度不完善、统筹层次低等问题都降低了制度的吸引力。四是现行的养老保险经办能力难以满足参保人数快速增长的需要，特别是基层经办体系建设落后提高了参保成本。

3. 我国现行养老保险制度缺乏吸引力

本书依据我国最新的基本养老保险和城乡居民养老保险政策，采用保险精算方法构建了养老保险参保模型，并通过对参保人的行为分析，研究了参保年龄、收入水平等个体特征，以及缴费比率、退休年龄、个人账户记账比例、个人账户记账利率等政策因素对养老保险制度的吸引力可能产生的影响。研究认为，目前职工基本养老保险制度的吸引力不够，如果采取完全自愿参保方式，未来基本养老保险的扩面存在较大障碍；而城乡居民养老保险设计存在较大的制度性不公平，现有制度对于大龄参保人员比较有吸引力，但对年轻人吸引力不够，这将不利于养老保险基金的积累以及化解未来人口老龄化的养老风险。

4. 制度设计与个体特征对养老保险参保行为具有显著影响

通过对不同群体（包括城镇居民、农民工和农村居民）调查数据的统计分析，本书发现，制度设计（包括费率、替代率等）和个体特征（包括年龄、性别、收入等）对养老保险参保行为具有显著影响。另外，基本养老保险参保还受到雇主因素的影响，如全日制雇员比非全日制雇员拥有更高的养老保险参保率，而雇主单位的所有权性质、规模等因素也都会影响其参保行为。

5. 未来养老保险基金支付风险将逐渐增大

基于对未来人口老龄化趋势的预测，本书研究了养老保险扩面对未来基金财务可持续性的影响。研究结果表明，未来养老保险基金支付风险将会加速增大，如果不考虑财政补贴与通货膨胀等外部因素的影响，基于养老保险精算模型对未来养老保险基金收支进行的预测发现，随着人口老龄化趋势的加剧，2016 年之后我国养老保险基金将收不抵支；而关于扩面对基金收支影响的模拟结果表明，加快扩面进度虽然在短期内有助于缓解基金支付压力，但长期来看将导致更大的支付压力。

6. 建立城乡统一的二维养老保障体系是养老保险可持续发展的必然选择

从长期来看，则要建立一个城乡统一的二维养老保障体系。第一体系是职工养老保险：针对收入达到一定水平的雇员与自雇人员，采用强制方式建立缴费型高保障的养老制度；第二体系是国民养老保险：为没有参加职工养老保险的低收入居民提供非缴费、低待遇的养老保险项目。在短期内，应当避免养老保险制度的碎片化现象，停止对各类群体养老保险制度的实验，在国家统一制度安排下，设计有序组合的多元养老保险制度，建立包括公职人员养老保险制度、职工基本养老保险制度和城乡居民老年津贴制度在内的基本养老保险体系，覆盖全体国民。

目　录

第一章　导　论 ······ 1

一、研究背景和目标 ······ 1

二、研究思路和方法 ······ 2

三、研究内容和结构 ······ 4

第二章　养老保险扩面基本理论 ······ 7

一、社会养老保险概述 ······ 7

二、养老保险扩面的必要性 ······ 12

三、养老保险扩面的内在矛盾 ······ 16

第三章　养老保险制度国际比较 ······ 22

一、我国养老保险制度改革历程 ······ 22

二、国内外养老保险制度比较 ······ 26

第四章　养老保险覆盖率现状评价 ······ 36

一、我国养老保险覆盖率的计算 ······ 36

二、我国养老保险参保结构的评价 ······ 45

三、养老保险覆盖率的国际比较 …… 49
第五章　养老保险扩面的挑战 …… 51
一、制度碎片化影响了参保积极性 …… 51
二、财务难以持续降低了制度可信度 …… 60
三、制度缺陷降低了参保吸引力 …… 78
四、经办体系不完善提高了参保成本 …… 85
第六章　养老保险参保人行为理论 …… 90
一、基本养老保险参保人行为研究 …… 90
二、居民养老保险参保人行为理论 …… 99
第七章　养老保险扩面的经验研究 …… 109
一、城镇居民养老保险参保的经验研究 …… 109
二、农民工养老参保的经验研究 …… 126
三、农村居民养老保险参保的经验研究 …… 135
第八章　养老保险扩面对可持续性的影响 …… 143
一、中国未来人口预测 …… 144
二、基本养老保险基金收入预测 …… 148
三、基本养老保险基金支出预测 …… 153
四、基金收支缺口及敏感性分析 …… 156
第九章　扩大养老保险覆盖面的政策建议 …… 159
一、中国养老保险体系构建总体思路 …… 159
二、中国养老保险体系改革政策建议 …… 161
三、中国养老保险改革的配套措施 …… 172

参考文献 …… 175

第一章 导论

覆盖率是体现一个国家养老保险发展水平的重要指标，也反映了社会的公平与正义；扩大养老保险覆盖率是我国“十二五”社会保障改革发展的重点任务，也是实现养老保险制度可持续发展的必然选择。本章主要对本书的研究背景、研究思路、研究内容、主要创新点等方面进行综合性阐述。

一、研究背景和目标

（一）研究背景

根据国际劳工组织（ILO）的数据，我国养老保险缴费人数占经济活动人口的比重由2000年的14.7%上升到2009年的32.5%，而世界银行的报告（2010）认为，虽然过去几年中国养老保险覆盖面不断扩大，但它们仍然严重集中在城镇地区的正式部门。当前养老保险体制改革的一个主要任务就是将养老保险覆盖到日益增长的城镇非正式部门和农村居民。十七大明确提出，到2020年基本建立覆盖城乡居民的社会保障体系，而

2010 年出台的《社会保险法》将农村地区的乡镇企业、农村私营企业、农村个体工商户等农村雇工纳入基本养老保险参保范围。这表明我国社会保障开始由以城镇为主向城乡统筹、由职工向居民转变。目前，建立覆盖城乡的养老保险体系面临的主要问题是养老保险的低覆盖率，而养老保险扩面的主要困难包括：养老保险制度碎片化问题严重、缴费比率过高（基本养老保险）、基金支付风险提高、替代率过低、制度的透明度不够等。这些因素降低了养老保险制度的吸引力，导致了居民（特别是私营企业职工和灵活就业人员）参保积极性不高，而过低的覆盖面使得社会保险制度的公平性以及可持续性受到广泛质疑。

（二）研究目标

罗菲南和卢凯蒂（Rofinann and Lucchetti，2006）指出，养老金体系的评价指标不外乎三个方面：覆盖率、恰当性和可持续性。覆盖率指受正式养老金制度保护的老年人的比例。恰当性指受益程度及受益者是否能保持恰当的消费水平。可持续性指社会和政府能够维持制度运行的能力。因此，养老保险覆盖面越来越受到学术界和政策制定者的重视。本书将在对我国目前养老保险覆盖面的现状进行比较分析的基础上，深入探讨当前养老保险覆盖率存在的问题以及扩面难的原因，通过借鉴国外经验设计社会保险覆盖体系的最终目标与实现路径，利用统计分析和数值模拟方法研究影响居民参保行为的因素，并设计城乡一体化模式的养老保险框架体系，提出解决养老保险制度碎片化、历史债务、财务风险等问题的建议，为推进我国养老保险体制改革、实现养老保险全覆盖提供参考。

二、研究思路和方法

（一）研究思路

本书的基本研究思路是，首先，在总结养老保险扩面相关理论的基础上，回顾了我国养老保险的改革历程，并对世界各国养老保险的运行模式与制度设计进行了全面比较，为我国养老保险改革与发展提供参考与借鉴。基于国内外相关的理论研究与实践经验，对我国养老保险覆盖率水平进行了合理测算与科学评价，在此基础上分析了当前阶段我国养老保险覆盖面扩大所面临的四大挑战：制度碎片化、财务支付风险、制度缺乏吸引力、经办机构能力不足。其次，从宏观与微观的视角对不同类型的个体参保行为进行了理论与实证研究，进而深入了解影响养老保险覆盖面扩大的内在主观原因和外在客观原因；同时，以第六次人口普查的数据资料为依据，在对未来人口老龄化趋势进行预测的基础上，估算了养老保险覆盖面扩大对基金财务可持续性的影响。最后，针对当前我国养老保险发展所面临的困境，在借鉴国内外理论研究与实践经验的基础上，提出了具有针对性的改革建议。见图 1—1。

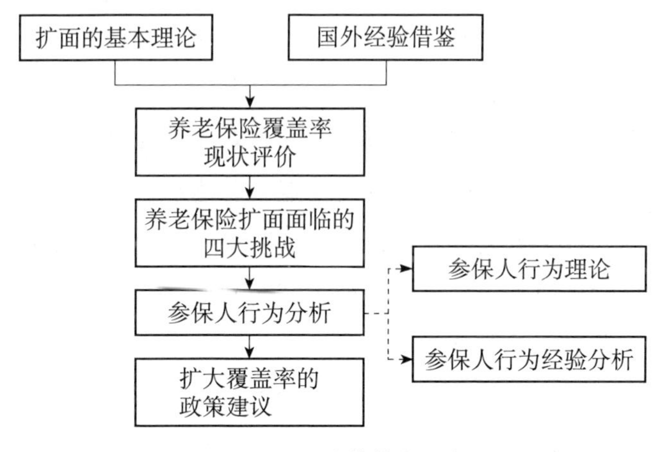

图 1—1　研究的基本思路

（二）研究方法

本书主要采用理论分析与实证分析相结合的方法展开研究。在理论研究方面，通过文献资料收集与整理，了解国内外养老保险扩面相关理论和改革的实践经验，为我国养老保险的改革与发展提供经验；通过数理分析与数值模拟，研究影响养老保险覆盖率的主要因素，并对各类养老保险项目的参保人行为进行理论分析。在实证研究方面，通过与社保机构的座谈调研了解各地区养老保险扩面的进度及问题；通过问卷调查，对影响城镇、农民工、农村居民参保行为的因素进行实证研究；通过人口统计学方法预测人口老龄化的趋势与未来应参保人群的变化；通过借鉴世界银行的PROST模型，对未来养老保险基金收支缺口进行预测。

三、研究内容和结构

（一）研究内容

本书研究的主要内容包括：

（1）养老保险制度设计的国内外比较。在对我国养老保险改革历程进行回顾的基础上，从筹资模式、筹资费率、退休年龄、给付条件、待遇水平以及待遇调整方式等方面进行系统性比较，为完善我国养老保险制度提供经验借鉴。

（2）养老保险覆盖率评价。覆盖率是养老保险发展水平的重要评价指标，本书从三个方面展开研究：一是覆盖率总体水平的研究，包括养老保险总的覆盖率和各类养老保险项目的参保率；二是从参保人结构的视角研究各类养老保险项目参保人群的特征与结构性矛盾；三是从国内外覆盖率比较视角研究养老保险制度设计的合理性与覆盖率水平的恰当性。

（3）养老保险扩面的挑战。本书认为，当前我国养老保险扩面主要面临四大挑战：一是制度碎片化的挑战。养老体系表现为各种不同项目的累积，没有构成统一的有机整体，由此导致的制度不透明和交易成本上升降低了参保积极性。二是财务可持续性的挑战。在人口结构迅速老龄化的现状下，未来养老金支付风险不断增大，人们开始担心政府可能采取一些不利于参保人的措施来解决困难，这种预期影响了制度的可信度以及公众参保的积极性。三是制度设计缺陷的挑战。过低的替代率、转移衔接制度不完善、统筹层次低等问题都降低了制度的吸引力。四是养老保险经办能力难以满足参保人数快速增长的需要，特别是基层经办体系建设落后提高了参保成本。

（4）养老保险参保行为的理论与实证研究。本书依据我国最新的基本养老保险和城乡居民养老保险政策，采用保险精算方法构建了养老保险参保人行为模型，分析了个体特征与政策因素对参保行为的影响，并利用微观调查数据和宏观统计数据对影响参保率的原因进行了实证检验。

（5）扩面对养老保险可持续性的影响。养老保险扩面对基金财务具有两个方面的效应：一方面将增加短期养老金收入，缓解短期养老金的财务风险；另一方面又必然导致长期中养老金支出的增加，扩大了养老金支付的长期风险。因此，养老保险扩面对于基金可持续性的影响将是一个两难困境。本书在对未来人口老龄化进行预测的基础上，对基本养老保险面临的财务风险进行了评估。

（6）养老保险扩面的政策建议。在明确未来养老保险改革思路与最终目标的基础上，提出近期内扩大养老保险覆盖面的改革方案，包括：第一，剥离城镇职工养老保险的"历史负担"，以便降低缴费标准，提高劳动竞争力，促进就业。第二，明确一体化改革目标，解决制度碎片化问题。包括减少制度的城乡、区域、所有制差异，归并一些不必要的养老保险项目（如被征地农转非人员养老保险等），减少地方政府的自主权，制定更多的全国统一标准。第三，设计更加合理的制度机制，增强养老保险的吸引力，包括降低费率、完善各类养老保险制度衔接机制、加大财政对社会保障的转移支付力度等。第四，进行更根本的各级政府间财政关系改革，明确中央政府与地方政府的责、权、利关系，增加财政对社保基金支持的制度性约束，提高养老保险制度的可信度。

（二）研究结构

本书共九章，各章节内容结构安排如下：

第一章：导论。

第二章：养老保险扩面基本理论。

第三章：养老保险制度国际比较。

第四章：养老保险覆盖率现状评价。

第五章：养老保险扩面的挑战。

第六章：养老保险参保人行为理论。

第七章：养老保险扩面的经验研究。

第八章：养老保险扩面对可持续性的影响。

第九章：扩大养老保险覆盖面的政策建议。

第二章

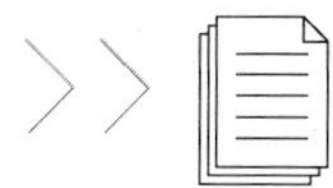

养老保险扩面基本理论

自 19 世纪德国建立养老保险制度以来，大量文献围绕养老保险的公平与效率、养老保险的适度性问题展开了研究，而养老保险覆盖面是养老保险公平性和发展水平的重要体现。本章在借鉴国内外代表性理论及相关研究成果的基础上，对养老保险扩面的基本原理展开了分析，为养老保险扩面的政策设计提供了理论依据。

一、社会养老保险概述

（一）社会养老保险定义

社会养老保险是社会保障的重要组成部分。19 世纪 80 年代初，德国最早建立了社会保险制度；到 2009 年，全世界已有 180 多个国家和地区不同程度地建立了自己的养老保险制度。对社会养老保险我国学术界有各种定义①，比较有代表性的观点包括：

① 参见毕小龙：《中国社会养老保险制度》，广州，暨南大学出版社，2009。

邓大松[①]（2002）：社会养老保险是指国家和社会根据一定的法律法规，对劳动者达到法定年龄或退休，由社会保险机构或指定的其他单位给付养老保险金。

邹根宝[②]（2001）：社会养老保险是指由政府通过立法，确定劳动者在年老丧失劳动能力并且退出生产岗位时，享有退休养老的权利，并依靠政府和社会获得物质帮助，以维持其基本生活水平而建立的一项社会保障制度。

赵曼[③]（2003）：社会养老保险是国家和社会依据一定的法律和法规为保障劳动者达到国家规定解除劳动义务的劳动年龄界限，或因年老丧失劳动能力退出劳动岗位后的基本生活而建立的一种社会保险制度。

董克用[④]（2000）：社会养老保险是政府通过法律形式的制度安排，使劳动者在年老丧失劳动能力退出劳动力队伍后能得到的基本生活保障。

何平[⑤]（2001）：社会养老保险是国家和社会依据一定的法律和法规，为解决劳动者在达到国家规定的法定退休年龄，或因年老、体弱、丧失劳动能力，退出劳动岗位后的基本生活而建立的一种社会保障制度。

王虎峰[⑥]（1999）：社会养老保险是指依法定程序确立，由政府主管部门负责组织和管理，用人单位和劳动者参加并共同承担缴费义务，劳动者达到退休条件时按其缴费状况享受养老待遇的社会保险制度。

杨翠迎[⑦]（1998）认为，养老保险指由家庭之外的国家、集体、社区及社会向老年人提供经济帮助、服务照料以及精神安慰的养老方式。通常情况下，社会养老更多地体现为养老经济方面的帮助，如国家为老年人提

① 参见邓大松：《社会保险》，北京，中国劳动社会保障出版社，2002。
② 参见邹根宝：《社会保障制度》，上海，上海财经大学出版社，2001。
③ 参见赵曼：《社会保障学》，北京，中国财政经济出版社，2003。
④ 参见董克用：《养老保险》，北京，中国人民大学出版社，2000。
⑤ 参见何平：《社会保障概论》，北京，中国劳动社会保障出版社，2001。
⑥ 参见王虎峰：《社会保险管理信息系统》，北京，改革出版社，1999。
⑦ 参见杨翠迎：《中国农村社会保障制度研究》，北京，中国农业出版社，2003。

供的老年津贴、建立基本养老保险制度等。而服务照料和精神安慰，一般是通过家庭来实现，但对于少数特殊群体，如“五保”（保吃、保穿、保住、保医、保葬）老人依托集体、社区举办的敬老院进行集中供养，或者通过委托其他家庭散养、寄养等形式，提供适当的养老服务和必要的精神安慰。

郑功成[①]（2005）认为，养老保险是国家依法强制实施、专门面向劳动者并通过向企业、个人征收养老保险费形成养老基金，用以解决劳动者退休后的社会保障问题的一项社会保险制度。

参考国内学者的研究，我们将养老保险定义为：为了防范老年风险，国家根据一定的法律和法规，在劳动者因年老丧失劳动能力退出工作岗位后提供基本生活保障的制度安排。

（二）社会养老保险特征

社会养老保险的产生与发展与国家经济、政治、文化等因素紧密相关。根据世界各国的发展经验，目前理论界公认社会养老保险具有如下四个特征：

（1）强制性。就是国家立法，强制实施，保险待遇的享受者及其所在单位双方都必须按照规定参加并缴纳社会保险基金，不能依据自愿原则。社会保险的强制性，适用于参与社会保险的所有人员、企业和机构。强制的目的是防止或减少逆向选择，使不同收入和不同健康状况的人员能够在同等条件下参加保险，同时保证社会保险基金有较强的抵御风险和互助的能力。

（2）普遍性。由于年老是人生不可避免的自然规律，所有人都会面临风险，这就决定了任何人都有参加养老保险的潜在需求。相对于失业、工伤、医疗等不确定性事件而言，老年保障是一个确定性的需求。人们对于

① 参见郑功成：《社会保险学》，北京，中国劳动社会保障出版社，2005。

养老保险的普遍需求，正是根源于老年风险的普遍性与必然性。鉴于养老保险范围之广，被保险人享受待遇时间之长，费用收支规模之庞大，世界上凡实行社会养老保险制度的国家都是由政府设立专门机构，在全社会统一立法、统一规划、统一管理和统一组织实施。

（3）互济性。是指社会保险是按照社会共担风险原则进行组织的。随着生产的发展和社会的进步，家庭规模逐步缩小，人口寿命逐渐延长，仅依靠传统家庭和单位养老的模式难以有效抵御老年风险。因此，必须由政府安排建立社会化的养老保险制度，按照"大数法则"在全社会范围内统一筹集资金、调剂使用、分散风险。社会保险机构要用互助互济的办法统一调剂基金，支付保险金和提供服务，实行收入再分配，使参加社会保险的劳动者的生活得到保障。在操作上，养老保险费用由国家、单位和个人三方共同负担，并在较高的层次上和较大的范围内实现养老保险费用的社会统筹与互济。①

（4）保障性。实施社会保险的根本目的，是保障国民在老龄失去劳动能力之后的基本生活，从而维护社会的稳定。社会养老保险的基本功能是保障参保人的老年基本生活开支，这就决定了其保险水平要适度，既不能过低，达不到保障基本生活的目的；但又不能过高，增加社会养老负担。一般而言，养老保险提供的保障水平仅限于居民的基本生活需求，在待遇标准上要高于失业保险金与最低生活保障水平，但要低于社会平均工资水平。②

（三）养老保险发展评价

国内外不少文献对养老保险制度的发展与改革做出了评价。罗伯特·霍尔茨曼和理查德·欣茨（Robert Holzmann and Richard Hinz，2005）

---

① 参见焦凯平：《养老保险》，3页，北京，中国劳动社会保障出版社，2004。

② 参见刘晓梅：《中国农村社会养老保险理论与实务研究》，35页，北京，科学出版社，2010。

提出了养老金制度的改革标准（reform criteria），包括主要目标（primary goals）、次要目标（secondary goals）。主要目标包括四个方面：①充足性（adequacy），即养老金制度应该为退休人员提供防止老年贫困的绝对水平（absolute level）与相对水平（relative level）的养老金保障。②可负担性（affordability），即养老金缴费率不能过高，要保持在个人和社会能够承担的合理范围内。世界银行建议，低收入国家的养老保险费率应保持在10%左右，而中、高收入国家不应超过20%。③可持续性（sustainability），即长期内养老金计划在财务上能够保持平衡，不需要依靠突然增加缴费或者降低待遇，或者大规模的财政转移。④稳健性（robust），即养老金计划能够经得起外部不确定因素的冲击，诸如经济、人口和政治风险，从而保持长期的养老替代率目标稳定不变。次要目标是指养老金计划能够促进经济发展。具体途径包括两方面：一是通过减少负面影响来实现，如减小养老金制度对劳动力市场、宏观经济的扭曲效应等；二是通过增加正面影响来实现，如增加国民储蓄、促进金融市场发展等。

世界银行的罗菲南和卢凯蒂（2006）指出养老金体系的评价指标不外乎以下三个方面：覆盖率、恰当性和可持续性。覆盖率指受正式养老金制度保护的老年人的比例，如果以缴费来衡量，就是缴费的年轻人所占的比例。恰当性指受益程度及受益者是否能保持恰当的消费水平，可以用养老保险“替代率”体现。可持续性指社会和政府能够维持制度运行的能力，特别是财务的持续支付能力。

在国内，杨团（1999）提出的可持续发展社会保障系统的四个基本特征：持久性、成长性、调节性和适应性，亦可作为评估社会保障发展的标准。郑功成（2003）提出了评价社会保障制度的可持续性的四个指标：①制度的稳定性。如社会保障制度是短期稳定还是长期稳定？尽管社会保障制度不可能一成不变，但若过于灵活或者多变则同样会导致负面效应。因此，制度的稳定性其实是政府信用与制度信誉的象征。②财政的可靠性。如社会保障财政是短期可靠、长期可靠，还是缺乏可靠性？它通常与财政责任的分配直接相关。③制度的发展性。如社会保障制度是持续扩展、不断收敛，还是停滞？在调整中发展应当是正常的现象，但若出现急剧收缩或急剧膨胀，则一定会遭遇重大危机或者将遭遇重大危机。④支撑社会保障制度的因素的变化趋势。包括政治、经济、社会等因素的走势及对社会保障制度发展的影响。

二、养老保险扩面的必要性

（一）养老保险扩面研究综述

按照杜邢晔（2010）的归纳，可以从政府、企业和个人三个方面分析养老保险覆盖率的影响因素。托达罗（Todaro，1970）认为，劳动力市场存在正式工作和非正式工作的二元特征。政府对正式部门的工作制定了高于市场出清价格的价格，非正式部门的工资则低于正式部门的工资。在讨论社会保险覆盖面的问题时，有一种现象特别值得关注，那就是非正式部门的劳动力加入社会保障的覆盖面很小。杜鲁门·G·帕卡德（Truman G. Packard，2007）指出，如果正式工作是政府配给的，则政府应缓解劳动力市场的僵化和分隔；如果正式工作不是政府配给的，并且个人选择在非正式部门工作，政策制定者可以想办法使自雇者和非正式工作雇佣者为他们自己退休后的生活保障筹划，或者为社会保障缴费，或者购买商业保险。帕卡德（2001）指出，社会保障缴款已经成为非工资劳动力成本的最主要构成因素之一。在拉美，社会保障缴款引起的成本占小公司运行支出的比例高达20%。霍尔茨曼等（Holzmann etc.，2001）提出了五个阻碍扩大覆盖面（特别是扩大第一支柱即强制缴款积累支柱的覆盖面）的因素，它们分别是贫困、自雇、交易成本、制度设计、制度可信度。斯科特·雅比库（Scott Yabiku，2000）研究了性别、年龄、婚姻、小孩数量等因素对私人养老保险参与行为的影响；而 Yutaka Horiba 等（2002）和卢查克等（Luchak etc.，2004）则从公司角度研究了利润水平、员工规模、工会、行业效应、边际税率等因素对参保人的影响。哈里斯和托达罗（Harris and Todaro，1970）、帕卡德（2001）、霍尔茨曼等（2001）、萨尔瓦多·瓦尔德斯-普列托（Salvador Valdés-Prieto，2005）、卡梅洛·梅萨-拉戈（Carmelo Mesa-Lago，2008）以及阿尔瓦罗·福特萨等（Alvaro Forteza etc.，2009）从宏观的社会经济与制度变迁角度研究了经济水平、教育、贫困、非正规就业、自雇、交易成本、制度设计、制度可信度等因素对养老保险覆盖率的影响。罗伯特·帕拉西奥斯等（Robert Palacios etc.，2009）认为，对非正规部门实行对等缴费比社会保险税更有利于扩大养老保险覆盖率；弗朗西斯科（Francisco etc.，2010）通过对拉美地区养老保险覆盖率的研究，发现收入越低的群体，养老保险覆盖率也越低。在巴西收入最高的1/5职工的参保率达到70%，而收入最低的1/5职工的参保率只有20%。关于养老保险对就业的影响，诺伊马克等（Neumark etc.，2000）发现养老保险支付导致美国60～64岁人口的就业率下降10%；德卡瓦略（de Carvalho，2008）基于巴西的研究也证实了养老保险减少劳动力供给的结论；但凯斯和霍斯古德（Case and Hosegood，2007）基于南非的研究，认为养老保险存在增加劳动供给的间接效应。关于养老保险的逆向选择，瓦尔德斯·普列托（2008）基于智利的养老保险改革发现，非缴费型养老项目导致缴费型养老项目参保率下降以及非正规工作增加。在国内，理论界对扩大社会保险覆盖面的重要性已形成了共识（申曙光，2009；何平，2009），并提出了许多扩大养老保险覆盖面的政策建议（胡晓义，2002；柳清瑞，2007）；但关于养老保险参保率的影响因素以及扩面所带来的就业效应与财务的持续性影响的研究较少。穆怀中（1997）研究了社会保障与经济水平的适度性问题；郑功成（2008）认为，良好的社会保障制度设计能够提高劳动者的素质与就业积极性，从而促进就业；财政部社会保障司社会保障课题组（2008）基于2020年城乡覆盖率达到

80%的假设，对我国未来50年基本养老保险收支及其可持续性进行预测，认为可以通过提高费率、延迟退休等方式实现财务可持续性。孙祁祥（2001）指出我国企业缴款已经高达24%，不少地方实际缴款已经达到30%，超过国务院［1997］26号文规定的20%的比例。过高的缴费负担导致大量企业逃避缴费行为。对养老保险覆盖率的影响因素的总结见表2—1。

表2—1　国内文献提到的养老保险覆盖率影响因素总结

项目	参保人因素	参保法人因素	外在客观因素	管理操作因素	制度本身因素
具体影响因素	性别 年龄 收入 小孩数量 婚姻	公司职工数量 盈利状况 工会力量 工资水平 所属行业	人均GDP 老年抚养比 文化传统 非正规就业 资本市场 是否免税 职业流动性	制度透明度 信息公开 交易成本 可信度 可及性 便携性	替代率 缴费率 衔接性 财务可持续性 参保条件 待遇享受条件 财政补贴 支柱体系

（二）养老保险扩面的必要性

养老保险扩面的重要性可以从政府提供养老保险的必要性和养老保险扩面的积极效应两个方面阐述。关于政府提供养老保险的必要性，政治学和经济学理论都提供了严谨的论证。扩大养老保险覆盖面的意义包括：

1. 覆盖面是养老金体系的重要评价指标

如前文所述，罗菲南和卢凯蒂（2006）指出养老金体系的评价指标不外乎以下三个方面：覆盖率、恰当性、可持续性。2004年，世界银行发布的研究报告《遵守社会保障的承诺：拉美状况》，评估了智利——最早改革养老金制度的国家——25年改革的成果。该报告指出，养老金制度改革改善了制度的财务可持续性，但是普遍存在覆盖面较低的问题（大多数拉美国家的覆盖率低于50%），覆盖面问题成为诟病养老金制度改革的一个主要标志。因此，覆盖面越来越受到学术界和政策制定者的重视。国务院发展研究中心的葛延风（2004）指出，目标人群的覆盖率能体现社会公平程度，也是保证财务收支长期平衡的需要。

2. 覆盖面扩大有利于促进社会公平

社会基本养老保险覆盖率低意味着有大量的人年老以后将没有退休金维持其基本生活所需，他们将不得不依靠自己的子女或社会救助度过晚年。现在的家庭大部分是三口之家，也就是说，将来2个年轻人要养活4个老人，没有养老金的老人会使家庭负担加重，降低了老年抵御经济风险的能力，造成老年贫困的大量发生和社会贫富差距的扩大。而养老金制度具有储蓄、再分配和保险三重功能，其再分配功能有利于调节收入分配，促进社会公平。周小川（2004）认为，收入分配政策，特别是社会保障政策，应该关注全体社会成员的基本保障，因此要特别强调全体社会成员的公平性。社会保险覆盖面的大小和受益程度的大小是公平的重要体现。

3. 覆盖面扩大有利于促进社会稳定

人力资源和社会保障部副部长胡晓义（2002）认为，我国的社会保障制度应该把公平目标放在第一位。创立社会保险制度的德国“铁血首相”俾斯麦曾说过，有养老金的人是不会造反的。欧美国家在社会保障制度建设方面有着一百多年的历史和实践，特别是被称为“福利国家”的北欧诸国，通过一整套完善的社会保障体系，有效地控制了社会各阶层的贫富差距，社会保持和谐稳定且经济颇具竞争力。瑞典是北欧福利国家的典型代表，从“摇篮到坟墓”的社会保障，是其社会福利的最大特点。这些保障主要有六大类，即儿童保障、教育保障、医疗与病休保障、失业保障、住房保障、养老保障。这些保障体制维护了全体公民的权益，使每个人生活得更踏实。

4. 覆盖面是养老保险可持续性的重要保障

社会基本养老保险覆盖率低，还将威胁已有社会养老保险体系的持续性与正常运行（宋长青，2004）。首先，社会基本保险与普通保险一样，都是利用统计上的大数法则抵御意外风险；基于保险的这一基本原理，必然要求参保人数达到一定的数量才能够发挥抵御风险的功能。其次，由于养老金具有收入再分配功能，低覆盖率特别是高收入人群的低参保率，会减少养老保险的基金收入，提高未来基金的支付风险并减弱收入分配功能。再次，养老保险在低参与率和高管理成本之间存在恶性循环，越少的工人参加缴费，则保险基金越难利用规模经济来降低管理成本和提高投资收益，导致养老金的余额越来越少。最后，养老保险低覆盖率将影响制度的可信度，造成更多的企业或个人不愿参保，形成恶性循环。

三、养老保险扩面的内在矛盾

（一）覆盖率受社会经济发展制约

养老保险覆盖率与经济发展水平之间是相互制约、相互促进的关系，社会经济发展水平决定了养老保险覆盖率的水平，养老保险覆盖率的水平也会促进或者制约社会经济的发展。①

一方面，社会经济发展水平对养老保险覆盖率具有决定作用，较低的经济发展水平会抑制居民的养老保险需求，同时也影响居民和企业的参保能力。强制居民和企业参加养老保险项目，只会导致“逆向选择”问题，并造成劳动力市场扭曲。图2—1给出了2008年部分亚洲及OECD国家养老保险覆盖率和经济发展水平的比较结果。从图中可以看出，各国养老保险覆盖率一般与经济发展水平具有显著相关性②，经济发展水平越高的国家，往往养老保险的覆盖率也越高。我国养老保险的覆盖率高于印度与巴基斯坦，与泰国、菲律宾等国家相近，与OECD发达国家相比具有很大差距。

① 参见穆怀中：《社会保障适度水平研究》，载《经济研究》，1997（2）。

② 以图中样本计算的劳动年龄人口覆盖率与人均GDP的相关系数达到0.967 6。

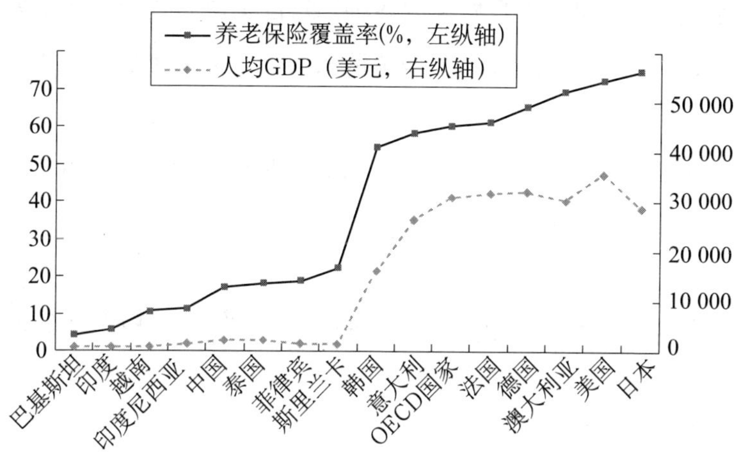

图 2—1 部分亚洲及 OECD 国家养老保险覆盖率与经济发展水平比较

资料来源：参保率与替代率的数据来自 OECD，Pensions at a Glance：Special Edition：Asia/Pacific（2009）；人均 GDP 水平的数据来自《国际统计年鉴 2010》。

另一方面，养老保险覆盖率也会对社会经济发展形成制约。养老保险具有维护社会稳定、调节居民跨时消费和改进收入分配的功能。如果养老保险发展超前，就会构成对经济发展的负担，导致劳动力成本上升和投资需求不足，降低企业的竞争力，损害经济的长期增长。而如果养老保险发展滞后，除了影响社会稳定外，还会增加民众的储蓄需求，限制投资需求与劳动力供给。

（二）覆盖率与替代率的矛盾

陈雷等[①]（2010）认为，养老金制度的三个主要目标，即替代率、覆盖率、财务可持续性之间存在相互制约的三角关系。郑秉文（2005）认为，“降低缴费率可以提高企业竞争力，有利于提高参保率和扩面，有利于提高全社会的劳动供给，有利于扩大费基”。朱冬梅（2005）认为，“缴

① 参见陈雷、孙国玉：《扩大覆盖面与养老保险三元悖论：理论与经验》，载《首都经济贸易大学学报》，2010（3）。

费比例高，企业负担重，只好采取各种回避的策略行为，是扩面难的主要原因之一。政府与其长期补贴不如降低缴费率，吸引更多的人参保，使基金进入良性循环”。

如果不考虑养老保险基金的投资收益、通货膨胀、管理成本、政府补贴等因素的影响，养老保险基金收入为：

$$PI = N \times W \times \tau \qquad (2—1)$$

式中，PI 为养老保险基金收入，N 为参保人数，W 为平均工资水平，τ 为费率水平。

养老保险基金支出为：

$$PE = R \times E \qquad (2—2)$$

式中，PE 为养老保险基金支出，R 为领取养老金人数，E 为养老金平均待遇水平。

同时，如果不考虑人口结构的代际差异，则养老保险基金收支平衡的基本条件是：

$$PI = PE \Rightarrow \tau = \frac{R}{N} \times \frac{E}{W} \qquad (2—3)$$

式中，$\frac{R}{N}$ 表示赡养率，$\frac{E}{W}$ 表示替代率。根据式（2—3）可知：

（1）在缴费型制度安排下，替代率越高，缴费率必然也越高。由于缴费率越高，必然导致覆盖率越低，所以替代率与缴费率成负相关关系。也就是说，替代率越高，参保率就越低。

（2）在非缴费型养老保险制度安排下，替代率越高，则财政补贴越多。此时，财政支持力度是扩大养老金覆盖面的重要外在因素。非缴费型养老保险、统筹养老金、个人账户养老金、职业年金、商业养老保险五种养老金制度的财政支持力度是从大到小逐渐降低。陈雷（2010）认为，这五种养老金制度扩面的难度是从小到大逐步递增的，其覆盖面是从大到小逐渐缩小的。一般来说，各级政府的财政补贴越高，缴费型养老保险计划的覆盖面就会越广。

图 2—2 与图 2—3 给出了代表性国家的养老保险覆盖率与替代率情况。为了使处于不同发展水平的国家之间具有可比性，我们将样本分成发展中国家和发达国家两类。从图中可以看出，在发展中国家的样本中覆盖率与替代率负相关的关系并不显著，而在发达国家的样本中，养老保险

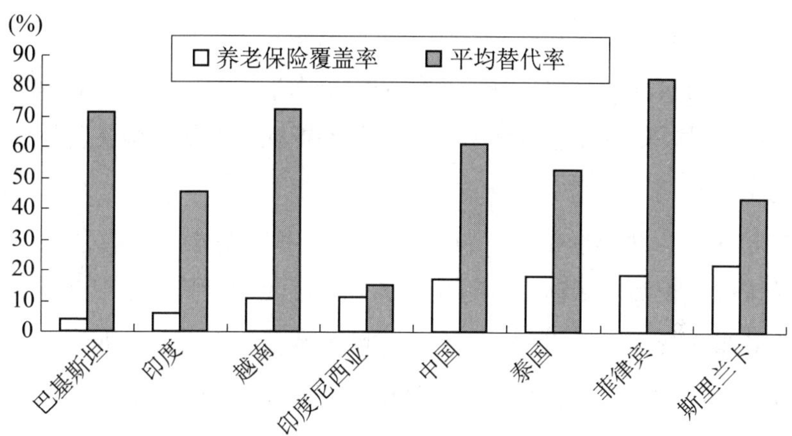

图 2—2　发展中国家养老保险覆盖率和替代率关系

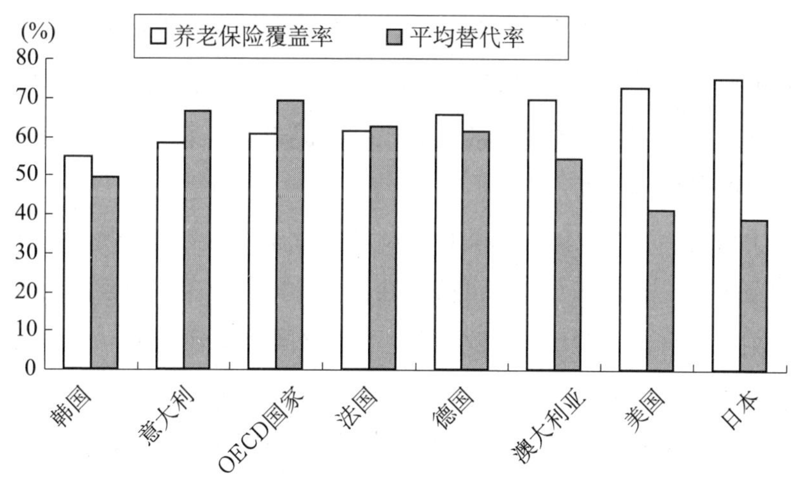

图 2—3　发达国家养老保险覆盖率和替代率关系

资料来源：参保率与替代率的数据来自 OECD，Pensions at a Glance：Special Edition：Asia/Pacific（2009）。

覆盖率与替代率的负相关关系十分明显，Pearson 相关系数的统计量为 −0.644，二者存在显著的负相关关系。

（三）覆盖率与可持续性的矛盾

养老保险覆盖率与财务可持续性的关系表现为以下两种情况：

一是根据式（2—3）可知，在非缴费型养老保险制度安排下，如果扩大养老保险覆盖面并且保持养老金的替代率水平不变，则必然要求更多的外部财政补贴，否则就会导致基金长期收不抵支，增加基金支付风险，制约养老保险长期可持续发展。

二是在缴费型养老保险安排下，如果不考虑基金增值收益和通货膨胀，扩大养老保险覆盖面只会影响财务基金的收支时间，而不会改善基金的收支总量。比如，在当前扩大养老保险的覆盖率，可以立即增加当期养老保险基金的收入，在替代率不变的情况下不仅不影响当期基金支出，反而可以改进当期的基金财务状况；但随着当期参保人在后期退休，后期的基金支出也会随之增大，即扩面只会起到调整基金收支时间的作用。若考虑到基金增值与通货膨胀因素的影响，则有如下结论：当基金增值收益大于通货膨胀时，扩大覆盖率有利于改善基金财务状况，提高基金可持续性；而如果基金增值收益小于通货膨胀，则扩大覆盖率会扩大基金收支缺口，恶化财务可持续性。

综上所述，在所有的外部变量和制度变量保持不变的情况下，养老金计划的覆盖率、替代率、财务可持续性三个目标之间存在相互制约、此消彼长的关系（陈雷，2010）；三个目标不能够同时得到满足，最多只能同时满足两个目标，而不得不放弃另外一个目标。首先，养老金的替代率越高，越有利于覆盖面的扩大；但覆盖面与替代率同时提高就需要政府转移支付来支撑，否则必然带来养老保险基金的财务支付风险。其次，如果既要提高养老金待遇水平，又要保证财务可持续性，在政府财政不增加投入的情况下，就只能通过提高养老金的缴费水平来实现，而这必然又会减少养老金制度的吸引力，降低人们参保的意愿，从而使养老保险覆盖率下降。所以，养老保险覆盖率、替代率及财务可持续性三个目标具有内在矛盾，在不增加政府对养老金的转移支付的情况下，要同时实现三个目标是不可能的。

第三章

养老保险制度国际比较

目前世界上有180多个国家实施了养老保险制度，我国社会化养老保险制度是在借鉴其他国家成熟经验的基础上建立起来的，在发展模式与制度设计等方面具有可比性。本章将在回顾我国养老保险制度改革历程的基础上，分析我国养老保险制度建设的现状，并从筹资模式、筹资费率、退休年龄、给付条件、待遇水平以及待遇调整方式等方面进行系统性比较，为完善我国养老保险制度提供经验借鉴。

一、我国养老保险制度改革历程

（一）养老保险制度改革历程

新中国成立后，我国建立了符合当时国情的养老保险制度；改革开放以后，随着市场经济的发展、产业结构的调整，养老保险制度随着国有企业的改革也开始了逐步改革和探索阶段。我国养老保险体制从建立到逐步完善的历史进程如表3—1所示。特别是1997年之后，我国养老保险制度改革进程加快，出台了《国务院关于建立统一的企业职工基本养老保险制度的决定》（国发［1997］26号），建立了统账结合的城镇职工基本养老制度，进行自收自支事业单位养老保险制度社会化改革。部分省市试点做实个人养老金账户工作。2005年出台了《国务院关于完善企业职工基本养老保险制度的决定》（国发［2005］38号），完善了统账结合的城镇职工基本养老制度，实现了养老保险省级基金省级统筹，并且开始逐步做实个人账户。个人账户规模由本人缴费工资的11%调整为8%，全部由个人缴费形成，单位缴费不划入个人账户。先后颁布了《国务院关于开展新型农村社会养老保险试点的指导意见》（国发［2009］32号）、《关于转发人力资源社会保障部、财政部城镇企业职工基本养老保险关系转移接续暂行办法的通知》（国办发［2009］66号）、《中华人民共和国社会保险法》（2010年主席令35号）和《国务院关于开展城镇居民社会养老保险试点的指导意见》（国发［2011］18号）等一系列法规文件，将养老保险覆盖人群范围扩大到灵活就业人员、个体工商户、失业人员、农村居民，实现了养老保险制度全覆盖，城乡统筹的养老保险体系正在形成。

表3—1　　中国养老保险制度改革历程

时期	管理体制	筹资模式	责任分担	标志
1949—1958	中华全国总工会是最高管理机构； 劳动部是最高监督机构	企业缴纳工资总额3%的劳动保险金，其中30%上缴中华全国总工会，作为社会保障统筹基金，70%留存在企业工会基层委员会	全部由企业负担	全国统筹
1969—1978	各基层企业和基层工会	国营企业一律提取劳动保险金，企业职工的退休金在营业外列支，福利基金提取工资总额的11%	全部由企业负担	变为企业保险
1986—1990	设立退休费用统筹管理委员会	企业缴纳劳动合同制工资的15%左右，工人缴纳本人标准工资的3%	企业和个人分担缴纳保险费的义务	合同制工人退休养老实行社会统筹
1991—1992	多部门共同管理	要求国有企业职工（包括固定职工和合同工）都要以标准工资的3%为起征点向统筹机关缴费	养老费由国家、企业、个人共同负担	退休费用社会统筹：三支柱模式开始形成

续前表

时期	管理体制	筹资模式	责任分担	标志
1993—1997	民政部门负责农村保险和社会救济、优抚、社会福利，劳动部门负责城镇保险、企业福利，人事部门负责公务员的福利和保险；社会保障行政管理和基金运营分开	企业缴纳比例一般不得超过企业工资总额的20%；个人缴费比例：1997年不得低于4%，从1998年起每两年提高一个百分点，最终达到本人缴费工资的8%；按本人缴费工资的11%为职工建立基本养老保险个人账户，随着个人缴费比例的提高，企业缴费比例逐步下降到3%	城镇职工的养老和医疗保险金由单位和个人共同负担	实行社会统筹和个人账户相结合，多层次的社会保障体系
1998—2009	组建了人力资源和社会保障部，统一了社会保险管理体制	建立统账结合的城镇职工基本养老制度，进行自收自支事业单位养老保险制度社会化改革。部分省市试点做实个人养老金账户工作。个人账户规模由本人缴费工资的11%调整为8%，全部由个人缴费形成，单位缴费不划入个人账户	自收自支事业单位养老保险由单位与个人分担。中央政府与地方政府分担个人养老金账户做实成本	做实养老保险个人账户，实现省级统筹
2009年至今	实行“五险合一”，社保经办机构下沉到乡镇	分别出台《国务院关于开展新型农村社会养老保险试点的指导意见》和《国务院关于开展城镇居民社会养老保险试点的指导意见》，并通过了《社会保险法》	农村养老保险由个人、集体和政府共同负担	建立城乡统筹的养老保险体制

（二）现行养老保险制度设计

目前我国各地区试点的各类养老保险方案比较多，从全国层面看，比较统一的养老保险制度主要有：职工基本养老保险制度、城乡居民养老保险制度[①]和机关事业单位退休金制度；其他一些地方性的养老保险制度，如农民

① 2011年新农保与城镇居民养老保险统一，统称为城乡居民养老保险。

工养老保险制度、被征地农转非人员养老保险制度等不作比较。下面从参保对象、缴费率与待遇支付三个方面对各项养老保险制度的设计进行比较。

首先，从参保对象看，2010 年通过的《社会保险法》规定：所有职工应当参加基本养老保险，由用人单位和职工共同缴纳基本养老保险费。无雇工的个体工商户、未在用人单位参加基本养老保险的非全日制从业人员以及其他灵活就业人员可以参加基本养老保险，由个人缴纳基本养老保险费。另外，目前机关事业单位正式职工实行退休金制度，而合同制工人参加企业基本养老保险。根据《国务院关于开展新型农村社会养老保险试点的指导意见》（国发〔2009〕32 号）和《国务院关于开展城镇居民社会养老保险试点的指导意见》（国发〔2011〕18 号），新农保和城镇居民养老保险的参保对象是年满 16 周岁（不含在校学生）、未参加城镇职工基本养老保险的居民。而机关事业单位的正式职工则沿用计划经济时期的退休金制度，只将拥有编制的正式员工纳入保障范畴；机关事业单位的非正式职工则参加企业职工基本养老保险。

其次，从缴费率来看，机关事业单位退休金制度下参保人不需要缴费，退休金列入当年财政预算，全部由财政资金负担。职工基本养老保险法定费率水平是 28%，企业负担 20%，个人负担 8%，但是目前各地区在实际执行中实际征收额有差别，部分地区企业负担部分给予一些优惠；2009 年开始试点的农村居民养老保险和城镇居民养老保险的缴费设立了 10 个档次供各地方政府参照，参保人可以选择某一缴费档次进行参保。

最后，从待遇水平来看，机关事业单位退休金按其在职工资的一定比例发放，目前的待遇水平约为退休前工资的 80%。城乡居民养老保险待遇由基本养老保险的基础养老金和个人账户养老金组成。基础养老金标准为每人每月不低于 55 元，个人账户养老金的月计发标准为个人账户全部储存额除以 139。职工基本养老保险待遇也是由基础养老金和个人账户养老金组成。基础养老金由退休上年度职工月平均工资和个人参保缴费工资指数水平决定，而个人养老金部分由个人账户的累积余额和参保时间决定（见表3—2）。具体计算公式为：

$$月度养老金水平=\left(\frac{退休时上年度}{职工月平均工资}+\frac{指数化月}{平均缴费工资}\right)\div 2\times\left(\frac{缴费}{年限}\times 1\%\right)+\frac{个人账户}{累计储存额}\div\frac{计发}{月数}$$

表3—2　　各类养老保险制度设计比较

项目	职工基本养老保险	城乡居民养老保险	退休金制度
参保对象	企业职工、机关事业单位合同工、个体工商户、灵活从业人员	年满16周岁（不含在校学生）、未参加城镇职工基本养老保险的居民	机关事业单位正式工
缴费率	单位：20% 个人：8% 对灵活从业人员与个体工商户，由个人缴纳20%	每年100元、200元、300元、400元、500元、600元、700元、800元、900元、1 000元10个档次	由财政负担
待遇水平	由基础养老金和个人账户养老金组成。基础养老金由退休上年度职工月平均工资与指数化月平均缴费工资决定，个人账户养老金等于累计储存额除以计发月数	由基础养老金和个人账户养老金组成。基础养老金标准为每人每月不低于55元，个人账户养老金的月计发标准为个人账户全部储存额除以139个月	退休金根据退休前工资的一定比例支付

二、国内外养老保险制度比较

本节从养老保险模式、筹资费率、退休年龄、给付条件、待遇水平、养老金调整方法等方面对国内外养老保险制度进行了全方位的比较，资料主要来源于OECD、世界银行和国际劳工组织的研究报告。

（一）养老保险模式比较

根据世界各国的经验，养老保险发展模式主要有三种：自保公助型、福利国家型和国家保险型。

1. 自保公助型

该模式起源于1889年的德国，后在美国、日本等国家推广，是在工业化取得一定成效、经济实力较雄厚的基础上实行的。该类型强调养老的个人责任，应以自保为主，国家予以资助。该模式的主要特点是：通过政府立法，实施雇主和雇员缴费的强制性养老保险项目，政府财政给予适当补助。公民只有在履行缴费义务后，才享有领取养老金的资格；该模式的基金来源渠道较广，对政府的财政依赖较小。

2. 福利国家型

该模式是在经济较为发达、人民生活水平大幅提高的情况下实行的，起源于英国，后为瑞典、丹麦等北欧国家推广。福利国家实行普遍养老金制度来保障老年人晚年的生活，其特征是把养老保险作为福利政策的一项主要内容，强调享受待遇的普遍性和公共性；除普遍养老金发放的对象为所有老年人外，退休人员还享受与收入相关的年金。养老金开支主要来源于税收，由政府和企业负担，个人不缴费或缴纳低标准的养老保险费。

3. 国家保险型

该模式是原来实行计划经济的社会主义国家以公有制为基础的一种社会养老保险制度。这一模式起源于苏联，在前东欧各国、蒙古、朝鲜等国家实行，我国改革开放以前也采用这种制度。该模式的主要特征是：在生产资料公有制的前提下，个人领取低工资但不缴纳任何养老保险费用，职工退休后由政府承担养老责任，该模式本质上是一种现收现付制养老金积累模式。

（二）筹资费率比较

养老保险基金的筹集，一般有国家（政府）、企业（雇主）和个人（雇员）三个来源，所采用的方式分为三种不同的组合。[①] 第一，由国家、

① 参见穆怀中：《社会保障制度国际比较》，46～60页，北京，中国劳动社会保障出版社，2007。

企业和个人三方集资的国家大约占一半，这些国家包括美国、英国、德国、日本、奥地利、加拿大、丹麦等，一般由劳资双方共同缴纳保险费，政府给予必要的补贴。由企业、个人和国家三方分摊保险费的比例可以相同，也可以根据工资差异按累计比例递增。第二，采取由劳资双方分担保险基金方法的国家有法国、新加坡、印度尼西亚、叙利亚、以色列、委内瑞拉等。按这种方法缴纳的保险费通常与收入有关，保险费的征收按个人的工资或薪金的固定百分比，直到某一规定的最高限额为止。第三，全部由政府和企业集资的国家有瑞典、挪威、意大利、波兰、匈牙利等，苏联和改革前的中国也采用此方法。政府包揽或与企业共同分担的集资，多采取税收的方法进行。政府分担的保险份额，主要来自财政收入。部分国家或地区的养老保险缴费类型如表 3—3 所示。

表 3—3　　部分国家或地区的养老保险缴费类型

编号	国家/地区	养老保险金制度
1	日本	固定费率国民养老金＋独立的公务员、教师、大公司雇员 DB 养老金保险制度
2	韩国	DB 养老金计划＋特殊的公务员、军人、教师 DB 养老金保险制度
3	中国内地	半积累制养老金保险制度
4	中国香港	强制公积金养老制度＋特殊的公务员养老保险
5	泰国	DB 养老金计划＋公务员养老金＋自愿的公积金养老制度
6	新加坡	中央公积金制度
7	澳大利亚	强制私人 DC 养老金计划
8	沙特阿拉伯	DB 养老金制度＋公务员、军人养老金制度

注：DB——待遇确定型，DC——缴费确定型。

表 3—4 给出了主要国家国有养老保险项目的缴费水平。从表中可以看出，捷克、意大利、匈牙利和巴西等国的缴费水平都在 30%左右，相对较高；而加拿大、瑞士、美国、韩国的缴费占居民收入水平的 10%左右，相对较低；我国目前的缴费水平是工资的 28%（雇主 20%，个人 8%），从横向比较看属于缴费水平比较高的国家。

表 3—4　　　　主要国家养老保险缴费率比较

国家 ＼ 指标 / 年份	缴费占收入比率（%）				
	1994	1999	2004	2007	2009
澳大利亚	私人养老金				
奥地利	22.8	22.8	22.8	22.8	22.8
比利时	16.4	16.4	16.4	16.4	16.4
加拿大	5.2	9.0	9.9	9.9	9.9
捷克	26.9	26.0	28.0	32.5	28.0
丹麦	私人养老金				
芬兰	18.6	21.5	21.4	20.9	21.6
法国	21.5	16.7	16.7	16.7	16.7
德国	19.2	19.7	19.5	19.9	19.9
希腊	20.0	20.0	20.0	20.0	20.0
匈牙利	30.5	30.0	26.5	29.5	33.5
冰岛	不区分养老保险税				
爱尔兰	不区分养老保险税				
意大利	28.3	32.7	32.7	32.7	32.7
日本	16.5	17.4	13.9	14.6	15.4
韩国	6.0	9.0	9.0	9.0	9.0
卢森堡	16.0	16.0	16.0	16.0	16.0
墨西哥	私人养老金				
荷兰	17.9	17.9	17.9	17.9	17.9
新西兰	没有				
挪威	不区分养老保险税				
波兰		19.5	19.5	19.5	19.5
葡萄牙	不区分养老保险税				
斯洛伐克	28.5	27.5	26.0	24.0	18.0
西班牙	29.3	28.3	28.3	28.3	28.3
瑞典	19.1	15.1	18.9	18.9	18.9
瑞士	9.8	9.8	9.8	9.8	9.8
土耳其	20.0	20.0	20.0	20.0	20.0
英国	不区分养老保险税				
美国	12.4	12.4	12.4	12.4	12.4
OECD 平均	19.2	19.3	20.0	19.8	19.6
阿根廷			28.0	23.7	23.7
巴西			31.0	31.0	31.0

续前表

国家 \ 年份 \ 指标	缴费占收入比率（%）				
	1994	1999	2004	2007	2009
中国			28.0	28.0	28.0
印度			24.0	24.0	24.0
印度尼西亚			6.0	6.0	6.0
俄罗斯			28.0	26.0	26.0
沙特阿拉伯			18.0	18.0	18.0
南非	不缴费				
欧盟 27 国			23.8	23.3	22.5

资料来源：OECD，Pensions at a Glance 2011.

（三）退休年龄比较

根据经济发展程度以及人口结构的不同，各国对退休年龄有着不同的规定。全世界有 165 个国家和地区对享受养老金的退休年龄做了具体规定。表 3—5 给出了世界代表性国家和地区的退休年龄以及预期寿命。从表中可以看出，目前冰岛与挪威的退休年龄最高，男女都达到了 67 岁，这两个国家平均的预期寿命都超过了 80 岁；而科威特、斯威士兰的退休年龄最低，男女都只有 50 岁。总体而言，退休年龄与预期寿命以及经济发达程度密切相关。

表 3—5　　世界各代表性国家和地区退休年龄的规定*

国家/地区	退休年龄		预期寿命		备注
	男性	女性	男性	女性	
中国大陆	60	55	71	75	
中国台湾**	60	60	79	86	2018 年提高到 61 岁，2027 年提高到 67 岁
中国香港	65	65	79	86	
日本	65	65	79	86	
韩国	60	60	77	83	2033 年提高到 65 岁
新加坡	55	55	78	83	
印度***	58	58	62	65	
马来西亚	55	55	72	77	

续前表

国家/地区	退休年龄		预期寿命		备注
	男性	女性	男性	女性	
澳大利亚	65	63	79	84	2013 年女性提高到 65 岁
俄罗斯	60	55	62	74	
美国	66	66	76	81	2027 年提高到 67 岁
英国	65	60	78	82	2010—2020 年女性提高到 65 岁
德国	65	65	78	83	2012—2029 年提高到 67 岁
法国	60	60	78	85	
瑞典	65	65	79	83	
瑞士	65	64	80	85	
丹麦	65	65	77	81	
挪威	67	67	78	83	
冰岛	67	67	80	83	
荷兰	65	65	78	82	
比利时	65	65	77	83	
波兰	65	60	71	80	
保加利亚	63	60	70	77	
阿尔及利亚	60	55	71	74	
肯尼亚	60	60	54	55	
南非	61	60	50	53	
智利	65	60	76	82	
墨西哥	65	65	73	78	
哥伦比亚	60	55	69	77	
埃及	60	60	68	72	
科威特	50	50	76	80	2020 年前退休年龄将逐渐增加到 55 岁
赞比亚****	55	55	45	46	
斯威士兰****	50	50	46	45	
沙特阿拉伯	60	55	71	75	

* 欧洲国家是 2010 年数据，亚洲国家是 2008 年数据，其他国家是 2009 年数据；预期寿命是 2008 年数据。

** 针对中国台湾地区的职工养老金计划，而国民养老金计划的退休年龄是 65 岁。

*** 针对印度的职工养老金计划，而针对其他居民的公积金项目的退休年龄是 55 岁。

**** 受战争与疾病的影响，赞比亚与斯威士兰人均寿命较低。

资料来源：U. S. Social Security Administration, Social Security Programs Throughout the World 2010.

（四）给付条件比较

各国一般都规定了养老金的给付条件，主要限制因素包括退休年龄、最低缴费年龄（或参保年限）、退休后收入状况、提前退休条件等。表3—6列出了具有代表性的国家对于支付养老金给付条件的规定。从表中可以看出，各国对于养老保险参保年限的限制差异非常大，最长的英国达到30年，而最短的挪威只有3年，俄罗斯的职工养老金计划也只有5年。在提前退休的限制中，主要有两种模式：一是对于工作条件恶劣的特殊工作允许提前退休领取养老金；二是减少提前退休的养老金支付金额。另外，美国、日本、瑞士等国家还包含了对参保人退休后收入的审查条件。

表3—6　　部分国家和地区养老金受益资格的规定

国家/地区	退休年龄（男/女）	参保年限	提前退休规定	其他条件
中国大陆	60/55	15年	从事高危行业或丧失劳动力，男性50岁、女性45岁并缴费满10年	
中国台湾*	60	15年	55岁起养老金递减	最近三年每年在中国台湾居住超过6个月
日本	65/65	25年	60～64岁，精算式递减	收入审查到65岁
韩国	60	20年	55岁起，缴费10年	
新加坡	55/55		每个账户都有专门的提取条件	缴费金额被放在普通账户、特别账户、退休账户和储蓄账户中
印度	58/58	10年	年满50岁、缴费10年并且离职	
俄罗斯	60/55	5年	在高危环境工作的职工可以提前至50岁（女性45岁）退休	
美国	66/66	40个季度	55岁起养老金递减	收入审查到70岁
英国	65/60	30年	因照顾小孩、父母、伤残家人，领取全额保险金年限可减少	

续前表

国家/地区	退休年龄（男/女）	参保年限	提前退休规定	其他条件
挪威	67/67	3 年	与收入无关的普通养老金只要求居住满 3 年	基本账户达 72 881 克朗
智利	65/60	20 年	如果退休金达到参保人平均工资的 50%及最低工资的 110%，男性可提前至 55 岁（女性 50 岁）退休	高危环境工作 5 年可减少 1～2 年缴费期，最长 10 年

* 指职工养老金计划。

资料来源：U. S. Social Security Administration，Social Security Programs Throughout the World 2011.

（五）待遇水平比较

OECD 的 Pensions at a Glance 2011 计算的主要国家 2011 年政府强制养老金（mandatory pension）项目[①]替代率水平见表 3—7。根据统计，2011 年 OECD 国家平均替代率为 57.3%，与国际公认的 60%的替代率标准十分接近。在其他主要经济体中，阿根廷为 78.1%，印度为 65.2%，俄罗斯为 62.7%。该报告所计算的中国养老金替代率达到 77.9%，这一水平要高于我们的预期。原因有两个方面：一是该报告把机关事业单位的退休金纳入了统计范围；二是该报告的收入包含了私营经济、个体经济的收入。

表 3—7　　OECD 各国强制养老金项目替代率水平（2011 年）

国家	替代率（%）	国家	替代率（%）
澳大利亚	47.3	韩国	42.1
奥地利	76.6	卢森堡	87.4
比利时	42.0	墨西哥	30.9
加拿大	44.4	荷兰	88.1

① 不包含私人养老金（private pension）项目。

续前表

国家	替代率（%）	国家	替代率（%）
智利	44.9	新西兰	38.7
捷克	50.2	挪威	53.1
丹麦	79.7	波兰	59.0
芬兰	57.8	葡萄牙	53.9
法国	49.1	斯洛伐克	57.5
德国	42.0	南斯拉夫	62.4
希腊	95.7	西班牙	81.2
匈牙利	75.8	瑞典	53.8
冰岛	96.9	瑞士	57.9
爱尔兰	29.0	土耳其	64.5
以色列	69.6	英国	31.9
意大利	64.5	美国	39.4
日本	34.5	OECD	57.3
其他主要经济体			
阿根廷	78.1	巴西	85.9
中国	77.9	印度	65.2
俄罗斯	62.7	沙特阿拉伯	100
南非	10.6	欧盟 27 国	61.6

资料来源：OECD，Pensions at a Glance 2011.

（六）养老金调整方法比较

发达国家在 20 世纪六七十年代普遍建立起公共养老金的指数化调整机制，但差异较大，其中以德国和美国为代表。德国 1957 年建立了总工资调整指数，美国 1972 年以对老年人口保障最低的消费价格指数作为调整指数（穆怀中，2007）。从运行效果看，德国的调整方式为老年人提供了较高的保障，但在老龄化背景下，导致了在职人员缴费率上涨过快，企业劳动力成本不断上升，并影响就业率提高，给社会与经济发展带来了一定的负面影响；而美国的调整指数运行相对稳定，没有给经济发展带来不良影响。

表 3—8 给出了部分国家公共退休金计划的指数化特征。

表 3—8　　部分国家公共退休金计划的指数化特征

类型	国家
工资指数	奥地利、法国、德国、冰岛、匈牙利
物价指数	澳大利亚、比利时、加拿大、丹麦、芬兰、希腊、日本、英国、美国、波兰
物价工资综合指数	瑞典、瑞士
无调整指数	韩国、中国

资料来源：韩伟：《中国统筹养老金适度调整指数分析》，载《财政研究》，2007（4）。

第四章

养老保险覆盖率现状评价

养老保险覆盖率是反映一个国家养老保险发展水平的重要指标。近年来，我国养老保险扩面工作成效显著，养老保险制度已经实现了全覆盖。本章研究重点包括：一是科学测算我国养老保险的覆盖率水平和各类养老保险项目的参保率；二是从参保人结构的视角研究各类养老保险项目参保人群特征与结构性矛盾；三是通过国际比较来评价我国养老保险覆盖率的合理性。

一、我国养老保险覆盖率的计算

世界银行的罗菲南和卢凯蒂（2006）指出养老金体系的评价指标不外乎三个方面：覆盖率、恰当性和可持续性。覆盖率指受正式养老金制度保护的老年人的比例，如果以缴费来衡量，就是缴费的年轻人所占的比例；恰当性指受益程度及受益者是否能保持恰当消费水平，可以用养老保险“替代率”体现；可持续性指社会和政府能够维持制度运行的能力，特别是财务的持续支付能力。

(一) 养老保险制度覆盖人群

根据美国社会保险局 Social Security Programs Throughout the World 2010 的资料，在表 4—1 中给出了世界主要国家养老保险项目覆盖对象。在绝大多数国家，养老保险都是覆盖所有国民，并且一般按照在职人员(包括自雇)与非在职人员设计差别化制度。对于在职人员以强制方式要求参保缴费(税)，待遇水平也相对较高；对于非在职人员建立非缴费型养老保险制度，由财政出资提供低水平的养老保障。我国自 2009 年开始试点城乡居民养老保险制度，实现了养老保险政策的全覆盖。

表 4—1　各国养老保险覆盖人群比较

国家	养老保险项目	覆盖人群
中国(2008)	强制私人账户保险项目	城市企业及机构雇员，一些省的自雇人员自愿参保；在城市中工作的农民由各省制定特殊养老保险办法；农村地区主要依靠家庭以及政府提供保障，少数地区进行了农村养老保险个体账户实验
	特殊养老保险项目	党和政府组织，科学、教育、文化机构(不包括那些政府不拨款的部门)雇员实行由政府与单位出资办法
韩国(2008)	社会保障项目	18～59 岁雇员与自雇人员(self-employed persons)，包括农民、渔民；60～64 岁雇员与自雇人员自愿缴费
	独立养老保险项目	公务员、私立学校员工、军人以及专门邮局员工
	社会救助项目	所有 65 岁以上的公民，包括外国与韩国通婚人员
日本(2008)	职业养老金项目	工商业员工
	国民养老金计划	所有 20～59 岁日本居民，60～64 岁居民以及国外日本公民可自愿参保
智利(2009)	强制私人账户养老金	领取工资的雇员，2012 年扩大到所有自雇人员
	社会养老保险	月收入低于最低工资 3 倍的雇员与个体从业者
加拿大(2009)	普惠养老金项目(universal pension)	所有居民
	收入相关养老金项目(earnings-related pension)	所有雇员与自雇人员

续前表

国家	养老保险项目	覆盖人群
墨西哥(2009)	强制私人账户养老金	强制参保：所有私人部门雇员、公司合作社成员、蔗糖生产商（sugar cane producers） 自愿参保：公共部门雇员、自雇人员、家政工人(household workers)、雇主、佃农、农业合作社成员、小规模农户
	社会养老保险	农业部门与信用社的雇员与合作社成员
	特殊养老保险	石油工人、政府雇员和军事人员
美国(2009)	社会保障计划	有收入的雇员、自雇人员，但不包括临时的农业、家政从业人员与被选举的人 自愿参保：州与地方政府雇员、神职人员
	特殊养老保险项目	铁路工人，某些联邦、州与地方政府雇员
澳大利亚(2009)	社会援助项目	所有居民
	强制职业养老金项目	所有 17 岁以上、70 岁以下每个月收入大于 450 澳元的从业人员，但不包括自雇人员
瑞典(2009)	收入相关养老金项目	所有 1954 年以后出生、年收入 17 935 克朗以上的雇员与自雇人员
	补充养老金项目(premium pension)	所有年收入 17 935 克朗以上的雇员与自雇人员
	保障性养老项目(guarantee pension)	所有瑞典居民

注：（1）资料来源于 U. S. Social Security Administration，*Social Security Programs throughout the World* 2010。

（2）表中亚洲国家为 2008 年资料，当时中国还没有进行农村养老保险改革试点。

（二）养老保险覆盖率评价

国际上对于养老保险覆盖率评价的通用指标是参保缴费人数除以经济活动人口。图 4—1 给出了 ILO 统计的我国 2000—2009 年养老保险缴费人数占经济活动人口的比例和领取养老保险金人数占 65 岁以上人口的比重。ILO 的数据显示，2009 年我国缴费人数只占经济活动人口的 32.5%，而领取养老金人数占 65 岁以上年龄人口的比重达到 65.7%。ILO 的覆盖率指标能够体现总体养老保险发展水平，并且能够进行横向跨国比较。但该指标对于我国养老保险覆盖率的评价存在三个方面的问题：（1）按照国际标准，经济活动人口的统计范围是 16～64 岁，而我国退休年龄男性是 60 岁，女性是 55 岁，所以以缴费人数占经济活动人口的比重来评价会出现在职人员养老保险覆盖率偏低的现象，而以领取养老金人数占 65 岁以上人口的比重评价 65 岁以上老龄人口覆盖率偏高。(2) 由于我国 2009 年才开始试点新农保制度，ILO 数据库还未及时更新。(3) 由于我国机关事业单位正式员工实行退休金制度，不需要缴纳养老保险费，所以用缴费人数占经济活动人口的比重进行评价不合理。基于以上三个原因，我们认为 ILO 的覆盖率指标并不能直接用来评价我国养老保险的覆盖率水平。

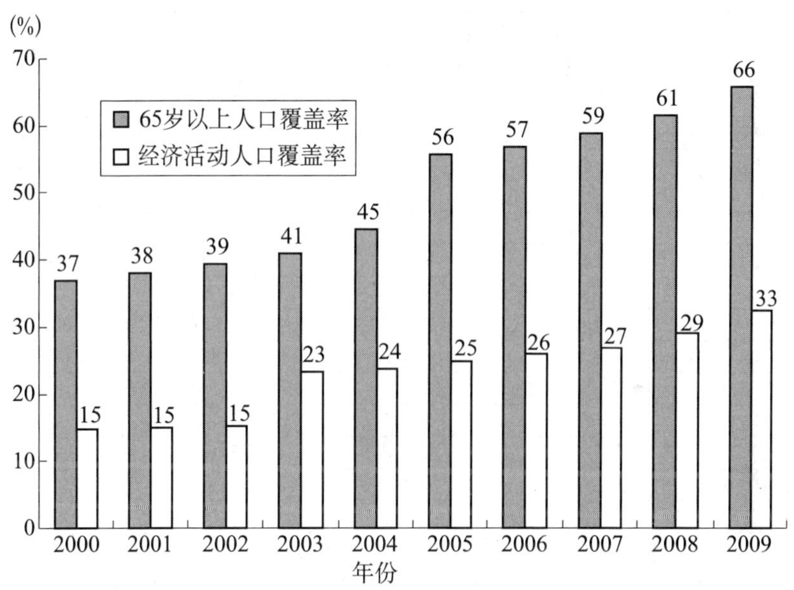

图 4—1 ILO 计算的中国历年养老保险覆盖率

资料来源：International Labor Organization SECSOC Database.

为了更加科学地评价我国养老保险的覆盖率，并结合我国养老保险制度的现实——对机关事业单位正式职工可以认为都参加了养老保险制度，本书采用了如下指标进行评价：

$$覆盖率 = \frac{在职缴费参保人数 + 机关事业单位正式职工人数}{经济活动人口}$$

如表 4—2 所示，1998 年我国养老保险参保总人数为 8 476 万人。[①] 财政部《地方财政统计资料》显示，财政提供养老的机关事业单位正式职工为 3 214 万人，根据目前机关事业单位退休金制度，可以认为财政供养人数都是已参保人数。按照参保人数占经济活动人口的比重来计算覆盖率，1998 年养老保险的覆盖率仅为 16.4%。2010 年，我国开始扩大新型农村养老保险试点范围，农民参保养老保险的数量急剧增加，养老保险覆盖率达到 39.9%，2011 年达到 63.7%。

表 4—2　　1998—2011 年中国养老保险覆盖率　　单位：万人，%

年份	参保人数（不含离退休）	财政供养规模（不含离退休）	经济活动人口	覆盖率
1998	8 476	3 214	71 208	16.4
1999	9 502	3 264	71 969	17.7
2000	10 447	3 362	72 680	19.0
2001	10 802	3 402	73 478	19.3
2002	11 129	3 420	74 050	19.6
2003	11 647	3 427	74 536	20.2
2004	12 250	3 343	75 091	20.8
2005	13 120	3 342	75 486	21.8
2006	14 131	3 366	75 825	23.1
2007	15 183	3 501	76 151	24.5
2008	16 588	3 641	76 450	26.5
2009	17 743	3 788	76 749	28.1
2010	26 817	3 883	77 013	39.9
2011	45 287	3 982	77 342	63.7

注：(1) 参保人数不含离退休参保人员，新农保参保人数不含达到缴费年龄人口。
(2) 财政供养规模数据来源于历年财政部国库司、预算司所编的《地方财政统计资料》。

(三) 养老金项目参保率评价

前文对我国养老保险总体的覆盖率进行了评价，覆盖率水平可以反映我国养老保险发展总体情况，但却无法评价具体每一个养老保险项目的覆盖情况，因此本书提出"参保率"这一指标来对具体养老保险项目的发展

① 由于没有完整的统计数据，这里没有包括各地方政府小范围试点的老农保参保人数。

情况进行评价。参保率的计算公式是：

$$某养老金项目参保率=\frac{某养老金项目缴费人数}{某养老金项目制度覆盖人数}$$

式中，养老金项目缴费人数反映的是实际参保人数，养老金项目制度覆盖人数反映了应参保人数。在我国三大主体养老保险项目中，机关事业单位退休金制度不需要缴费，可以认为是100%参保；因此这里重点考察职工基本养老保险与城乡居民养老保险项目的参保率。

1. 职工基本养老保险参保率

王德文①（2005）以参加基本养老保险的城镇职工占城镇全部就业人员的比例，计算出2004年的参保率为46.3%；劳动和社会保障部1999年发布的《社会保险费征缴暂行条例》规定：基本养老保险费的征缴范围包括国有企业、城镇集体企业、外商投资企业、城镇私营企业和其他城镇企业及其职工，实行企业化管理的事业单位及其职工。张光等②（2007）根据以上规定提出了如下参保率计算公式：

$$应参保人数=\begin{matrix}城镇就\\业人员\end{matrix}-\begin{matrix}党政机关社会\\团体就业人员\end{matrix}+\begin{matrix}城镇退\\休人员\end{matrix}-\begin{matrix}党政机关社会\\团体退休人员\end{matrix}+\begin{matrix}城镇失\\业人员\end{matrix}$$

这种方法至少存在以下几个问题：一是把事业单位就业和退休人员等非应参保人员都包括在应参保人员范畴之内；二是《社会保险法》（2010）将参保范围扩大到了农村地区的职工，而已有的方法基本上没有包括农村地区的职工；三是失业人员是否应参保需要区别：对于工作过的失业人员，属于基本养老保险应参保对象，而对于未曾参加工作的失业人员，不属于

① 参见王德文：《中国城乡养老保险：挑战与选择》，2005年，转引自北京大学中国社会与发展研究中心网站。

② 参见张光、杨晶晶：《基本养老保险覆盖面扩展决定因素及实证研究》，载《社会》，2007（27）。

参保对象。宋长青①（2004）根据中国共产党第十六届中央委员会第三次全体会议通过的《中共中央关于完善社会主义市场经济体制若干问题的决定》中对各社会保障项目的覆盖面的阐述，认为基本养老保险应覆盖城镇职工和乡村类似人员，并以城乡从业人员为基础计算出2002年全国城镇应参保人数为29 003万人，参保率为52.9%；农村应参保人数为48 960万人，参保率为11.2%；全国平均参保率为26.7%。这种计算方法符合《社会保险法》设定的应参保人群范围，将农村地区的从业人员考虑进来；但这种方法存在的问题包括：一是没有区别农村自雇型和被雇用型就业，只有雇工才是应参保人群，而雇主或者灵活从业人员则适用自愿参加基本养老保险办法；二是没有将机关事业单位从业人员从应参保人群中剔除。

本书对于职工基本养老保险以《社会保险法》的参保对象为基础，计算基本养老保险政策应参保人群，并据以计算参保率；对于农村养老保险，由于应参保人群难以确定，只能计算劳动年龄人口养老保险覆盖率。

2010年通过的《社会保险法》规定：所有职工都要参加基本养老保险，无雇工的个体工商户、未在用人单位参加基本养老保险的非全日制从业人员以及其他灵活就业人员可以参加基本养老保险。按照这一规定，基本养老保险必须参保的人群包括：城镇除了机关事业单位以外的所有单位雇员、农村乡镇企业及农村私营企业雇员、农村个体户雇员。而灵活就业人员、个体工商户户主则可以选择参加也可以选择不参加。根据目前我国各部门、机构有关方面的统计口径与数据，本书采用了如下公式来计算各地区应参保人数：

$$\text{应参保人数}=\text{城镇经济活动人口}-\text{机关事业单位正式职工数}+\text{乡镇企业职工数}+\text{农村私营企业就业人数}+\text{农村个体户就业人数}$$

① 参见宋长青：《关于我国社会保险覆盖面的探讨》，载《统计研究》，2004（3）。

式中，由于机关事业单位实行财政拨款的退休金制度，所以不属于参保范围；城乡个体工商户的户主属于可参保的对象，因为个体户主往往本身也是职工，所以也纳入应参保的范围。

表 4—3 给出了历年我国职工基本养老保险参保率。按照《社会保险法》的范围，1998 年全国基本养老保险应参保人数为 2.299 4 亿人，实际参保在职职工人数为 8 476 万人，参保率为 36.9%；到 2011 年，全国应参保职工人数达到 3.809 2 亿人，实际参保在职职工人数为 2.156 5 亿人，参保率为 56.6%。

表 4—3　　历年我国职工基本养老保险应参保人数计算　　单位：万人，%

年份	城镇就业	农村集体私营个体就业人数	财政供养规模	应参保人数	实际参保职工人数	参保率
1998	21 616	4 592	3 214	22 994	8 476	36.9
1999	22 412	4 796	3 264	23 944	9 502	39.7
2000	23 151	4 072	3 362	23 861	10 447	43.8
2001	24 123	3 816	3 402	24 537	10 802	44.0
2002	25 159	3 885	3 420	25 624	11 129	43.4
2003	26 230	4 014	3 427	26 817	11 647	43.4
2004	27 293	4 089	3 343	28 039	12 250	43.7
2005	28 389	4 488	3 342	29 535	13 120	44.4
2006	29 630	4 779	3 366	31 043	14 131	45.5
2007	30 953	4 859	3 501	32 311	15 183	47.0
2008	32 103	4 947	3 641	33 409	16 588	49.7
2009	33 322	5 403	3 788	34 937	17 743	50.8
2010	34 687	5 887	3 883	36 691	19 402	52.9
2011	35 914	6 160	3 982	38 092	21 565	56.6

注：资料来源于历年《中国统计年鉴》、《地方财政统计资料》。2010 年、2011 年的数据采用外推法估算；财政供养人数不包括离退休人员。

2. 居民养老保险参保率测算

根据相关政策，城乡居民养老保险的范围一般包括农村所有未参加城镇基本养老保险的劳动年龄人口以及超过劳动年龄的退休人员（但不包括在校生）。虽然各地居民养老保险一般都是以户籍作为参保的基本条件，但考虑到农村外出务工人员参加的是基本养老保险，而不是城乡居民养老保险，所以应参保人数还是以常住人口为基础进行计算。另外，各地有关参保人员年龄的范围有差异，为了使各地区之间具有可比性，以 15～60 岁劳动年龄人口为基础进行计算。由于统计口径的问题，无法获得农村居民参加基本养老保险的数据，但是在历年《中国统计年鉴》中，提供了农村居民参加基本养老保险与新农保的总数，所以采用了如下公式对农村居民参保人数进行估算：

$$\text{参保率} = \text{城乡居民养老保险参保人数(未达到领取条件)} \div \left(\text{16～60 岁人口} - \text{在校生人数} - \text{基本养老保险应参保人数} - \text{机关事业单位正式工人数}\right)$$

式中，绝大多数地区将 16 岁作为参保的起始年龄，以 60 岁为达到领取养老金的年限；在校生人数指 16 岁以上脱产在读的学生数，根据我国教育情况，这里用高中（含职业高中）以上学历在校生人数来近似估计。表 4—4 给出了 2010—2012 年城乡居民养老保险参保率。2010 年全国城乡居民养老保险 60 岁以下应参保人数为 45 434 万人，实际参保人数为 7 414 万人，参保率只有 16.3%；2012 年，全国城乡居民养老保险 60 岁以下应参保人数为 42 691 万人，实际参保人数达到 35 295 万人，参保率约为 82.7%。

表 4—4　城乡居民养老保险参保率　　单位：万人，%

年份	16～60 岁人口规模	16 岁以上在校生数	未达到领取条件参保人数	职工应参保数	财政供养数	居民养老保险参保率
2010	91 879	7 599	7 414	34 963	3 883	16.3
2011	92 320	7 699	23 722	36 770	3 982	54.1
2012	92 779	7 748	35 295	38 257	4 084	82.7

注：（1）表中的财政供养人数以前一年度数据按平均增长率外推估算。
（2）16 岁以上在校生数用高中以上脱产在校生人数替代。
资料来源：《中国统计年鉴 2012》、《中国人口和就业统计年鉴 2012》。

二、我国养老保险参保结构的评价

目前养老保险制度已覆盖人群的参保结构主要存在两个问题：一是由于养老保险收费高、替代率低等原因，导致养老保险制度没有吸引力，制度已经覆盖人群的参保积极性低。二是由于制度设计的内在问题，使得各类主体参保意愿不同，导致参保人数存在结构性差异。根据调查，目前我国基本养老保险参保人群存在的结构性矛盾主要体现在：首先，参保人年龄结构不合理，年轻人参保的积极性比较低，特别是城乡居民养老保险参保人的年龄普遍偏大；其次，不同所有制职工参保率差异较大，非公有制经济的参保率要远远低于公有制经济；最后，由于制度设计上过于强调公平，对效率的兼顾不足，导致在参保人的收入结构上，高收入群体参保意愿更低。

(一) 参保人年龄结构不合理

1. 基本养老保险参保人年龄结构问题

利用重庆市人力资源和社会保障局的问卷调查数据（2011），在剔除了非基本养老保险参保对象（如在校学生、现役军人、机关事业单位从业人员等）和自愿参保人群之后，本次调查获取的应该参加基本养老保险的全日制雇员、非全日制雇员以及劳务派遣工样本总量为 1 121 人，其中已经参保人数为 541 人，参保率为 48.26%。图 4—2 给出了不同年龄组的基本养老保险参保率。从图中可以看出，年轻人的参保率显著低于中老年人。

2. 城乡居民养老保险参保人年龄结构问题

图 4—3 给出了不同年龄组新型农村居民养老保险参保率调查数据。[①] 调查结果显示，30 岁以下年龄组的参保率为 45.1%，30～45 岁农民的参

① 本调查数据来自重庆市人力资源和社会保障局 2010 年对重庆城乡居民养老保险试点的农村地区进行的问卷调查。

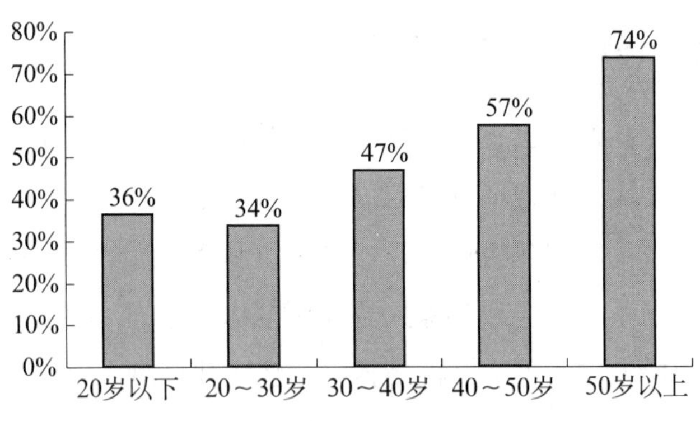

图 4—2　不同年龄组城镇居民参保率

注：图中数据只调查城镇中具有正式工作单位的人员的养老保险参保率。

保率为 63.2%，45～60 岁农民的参保率为 78.5%，60 岁以上农民的参保率为 90.6%；与基本养老保险类似，新农保参保率也体现出显著的年龄梯度特征，年龄越大，参保率越高；城乡居民养老保险的参保人年龄结构问题也是由制度设计不合理导致的，具体原因将在第六章的参保人行为理论中进行解释。

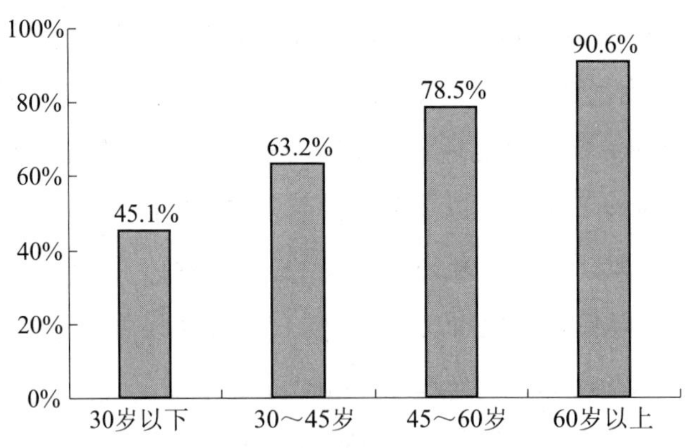

图 4—3　不同年龄组新农保参保率

(二) 参保人所有制结构不合理

世界银行报告（2010）认为，中国养老保险覆盖率严重集中在城镇地区的正式部门。而在非正式部门，如私营企业、个体户中养老保险的参保率非常低。根据工会部门公布的统计资料，2009 年所有工会成员（不包括机关事业单位会员，但包括农民工会员）的养老保险参保职工人数为 6 486.5万人，参保率约为 37.97%。其中，国有企业的参保率达到 65.83%；外资企业（含港澳台）达到 51.50%，集体企业为 27.98%，私营企业为 23.23%，联营企业为 17.52%，个体经济组织只有 7.51%。由此可见，不同所有制的参保率差异显著（见表 4—5）。

表 4—5　　不同所有制单位参保率比较（2009）

登记注册类型	工会会员人数（人）	参加养老保险人数（人）	参保率（参保人数/工会会员数）（%）
国有企业	31 267 977	20 584 441	65.83
集体企业	10 807 578	3 023 919	27.98
股份合作制企业	6 261 358	2 491 260	39.79
联营企业	1 324 914	232 130	17.52
有限责任公司	13 978 787	7 156 718	51.20
股份有限公司	10 680 172	6 734 541	63.06
私营企业	63 790 287	14 816 263	23.23
其他内资企业	1 193 819	264 630	22.17
个体经济组织	14 709 148	1 105 341	7.51
外资企业（含港澳台）	16 340 910	8 414 931	51.50
事业单位	37 316 816	11 875 492	31.82
机关	18 173 306	4 027 685	22.16
全部	170 854 249	64 865 059	37.97

资料来源：根据《中国工会统计年鉴 2010》的数据计算得到。

（三）参保人缴费结构不合理

1. 基本养老保险参保人缴费结构不合理

目前，不同身份参保人参加职工基本养老保险所承担的费率也不相同。对于受雇于企业事业单位的在职职工，由单位和个人分担，国务院规定基本养老保险缴费单位费率为 20%，个人缴费为 8%，单位与个人的总费率水平为28%，将个人缴费的8%记入个人账户。但是对于自由职业者、个体工商户户主等，现行政策允许其以个人身份参加职工基本养老保险，其缴费费率水平一般要低于以职工身份参保，如北京和重庆以个人身份参保的总费率为20%，天津为22%；而记入个人账户的比例仍然是8%。表4—6给出了2011年各地区不同身份的参保费率。

表4—6　　2011年各地区不同身份参加基本养老保险费率比较（%）

类型	缴费主体	北京	天津	重庆	上海
以职工身份参保	单位	20	20	18	22
	职工	8	8	8	8
	合计	28	28	26	30
以个人身份参保	个人	20	22	20	30

注：上海对本市郊区用人单位及本市户籍从业人员的单位缴费费率为19%。

2. 城乡居民养老保险参保人缴费结构不合理

在城乡居民养老保险中，政府对符合领取条件的参保人全额支付居民养老保险基础养老金。中央确定的基础养老金标准为每人每月55元，地方政府补贴标准不低于每人每年30元。目前，从新农保实施情况看，大多数农民选择了100元或者200元的低缴费档次。这一方面反映了农民对新农保试点方案推行的顾虑，另一方面也反映出制度设计对农民选择高缴费档次的激励性不足。在当前关于城乡居民养老保险的制度框架下，假定未来政策不变，参保人可以选择不同的缴费档次。表4—7列出了参保人缴费档次从100元/年到1 000元/年的变化过程中，对应的居民养老保险缴费金额现值与养老保险待遇现值相等时的均衡贴现率水平，即参加居民养老保险的收益率水平。从表中可以看出，随着所选的缴费档次的提高，参加居民养老保险的收益率不断下降。计算结果显示，100元/年档次的参保收益率为6.44%，500元/年档次的参保收益率为4.15%，1 000元/年档次的参保收益率下降到3.70%。基于以上分析，在现行财政补贴机制下，居民参加低缴费档次养老保险能获得更高的收益率。

表 4—7　　参保人选择不同缴费标准的参保收益率

序号	缴费档次	收益率（%）	序号	缴费档次	收益率（%）
1	100	6.44	6	600	4.01
2	200	5.22	7	700	3.90
3	300	4.67	8	800	3.82
4	400	4.36	9	900	3.76
5	500	4.15	10	1 000	3.70

三、养老保险覆盖率的国际比较

在对我国养老保险覆盖率以及各养老保险项目参保率进行测算的基础上，通过覆盖率水平的国际比较，可以客观评价我国养老保险覆盖率的发展水平以及未来的扩面空间，对于科学规划发展目标和明确当前养老保险改革重点具有重要的意义。

（一）养老保险覆盖人群的比较

在其他国家，养老保险都是覆盖所有国民，并且一般按照在职人员（包括自雇）与非在职人员设计差别化制度。对于在职人员以强制方式要求参保缴费（税），待遇水平也相对较高；对于非在职人员建立非缴费型养老保险制度，由财政出资提供低水平的养老保障。我国与世界主要国家养老保险覆盖人群的比较见表 4—1。

（二）养老保险覆盖率的比较

养老保险覆盖率指养老保险参保人数占总人口的比例，是反映一个国家养老保险发展水平的重要指标。目前世界各国养老保险制度比较多元化，一般包括强制养老金计划、职业养老金计划以及私人养老金计划等多支柱形式。

表 4—8 列出了世界银行统计的 OECD 国家及其他主要经济体养老保险的覆盖率指标，覆盖率计算方法是缴费参保人数占经济活动人口的比重。OECD 国家的平均养老金覆盖率达到 90.0%（2005），其他主要经济

体，如俄罗斯、印度、巴西、南非分别为 65.1%（2011）、10.3%（2006）、59.3%（2010）和 6.7%（2010）。而我国为 33.5%（2010），远远低于发达国家的覆盖率水平。

表 4—8　OECD 国家及其他主要经济体养老保险的覆盖率

国家	年份	覆盖率（%）
澳大利亚	2005	90.7
奥地利	2005	93.7
比利时	2005	91.4
加拿大	2009	87.4
丹麦	2007	92.9
芬兰	2005	89.7
法国	2005	87.3
德国	2005	86.9
希腊	2005	86.0
冰岛	2005	86.7
爱尔兰	2005	88.9
以色列	2008	89.1
意大利	2005	90.1
日本	2005	95.4
卢森堡	2005	100.0
荷兰	2005	90.7
挪威	2005	93.2
葡萄牙	2005	92.0
西班牙	2005	69.4
瑞典	2005	88.8
瑞士	2005	95.4
英国	2005	93.2
美国	2005	92.2
OECD 平均	2005	90.0
其他主要经济体		
中国	2010	33.5
俄罗斯	2011	65.1
印度	2006	10.3
南非	2010	6.7
巴西	2010	59.3

资料来源：世界银行网站。

第五章

养老保险扩面的挑战

养老保险的低覆盖率使得制度的公平性受到广泛质疑，特别是年轻人参保率低，使养老保险的财务可持续性受到影响。虽然我国近年来农村养老保险推进比较顺利，但这种依靠财政支持、低保障水平的养老保险制度不具有可持续性。因为随着居民对保障水平要求的提高，在国家财力有限的情况下，必然导致养老金制度吸引力下降。而城镇职工基本养老保险扩面进展较慢，特别是非正式单位和城镇灵活从业人员的参保率很低。

一、制度碎片化影响了参保积极性

虽然社保政策的框架正在逐渐形成，但不同项目、不同地区、不同人群之间仍然存在严重的“碎片化”；养老体系表现为各种不同项目的累积，没有构成统一的有机整体。

(一) 制度碎片化的表现

由于地方政府具有养老保险政策制定与实施的权力，许多政策还处于试点、探索过程中，导致我国养老保险体系呈现出显著的“碎片化”特征。

1. 不同群体养老保险制度碎片化

养老保险碎片化问题主要体现在养老保险制度按人群设计，不同人群参加不同的养老项目，而不同项目严重分割，养老项目不能灵活转移接续。虽然社保政策的框架正在逐渐形成，但养老体系表现为各种不同项目的累积，没有构成统一的有机整体。具体表现为：

一是项目之间交叉重叠与政策空白并存，城乡居民养老保险与许多地区原来试点的农民工养老保险、老农保、被征地农转非人员养老保险以及职工基本养老保险的参保对象都存在重叠；同时，目前试点各地区参保对象都局限于当地户籍人口，在我国人口流动规模非常大的情况下，许多外来非从业人员的社保参保形成一个政策空白区。

二是各项养老保险项目之间的转移接续存在很大的问题，特别是城乡居民养老保险与其他原来已经存在的养老保险项目不能有效衔接。同时，原有的农民工养老保险、被征地农转非人员养老保险、机关事业单位养老保险也存在很大的衔接问题。

三是同一保险项目针对不同人群存在差别。比如，基本养老保险制度对于以职工身份参保的，单位与个人合计费率水平为 28%，8%记入个人账户；而对于以个体工商户户主与灵活从业人员身份参保的，费率水平为 20%，也是按 8%记入个人账户。

表 5—1 给出了我国各地区出台的一些有代表性的养老保险制度，从表中可以看出我国养老保险制度存在严重的碎片化问题。

表 5—1　各类养老保险制度覆盖人群比较

类型	参保对象	参保方式	衔接关系	财政补贴
基本养老保险	所有企业、社团职工、个体工商户户主、灵活从业人员	雇工半强制**** 参保；个体户户主、灵活从业人员自愿参保	只与机关事业单位养老保险衔接	统筹账户由财政差额补助
机关事业单位退休金	政府及事业单位正式职工	由财政出资，个人不缴费	只与基本养老保险衔接	全部由财政负担
新型农村居民养老保险*	16 岁以上未参加基本养老保险的农村户籍居民	自愿参保	正在制定，还不能衔接	财政直接补贴
城镇居民社会养老保险	16 岁以上不符合职工基本养老保险参保条件的城镇非从业居民	自愿参保	正在制定，还不能衔接	财政直接补贴
自收自支事业单位养老保险**	自收自支事业单位职工	半强制性	部分地区制定了衔接办法	财政差额补贴
农民工养老保险***	在城镇就业的农村居民	有雇主的半强制，无雇主的自愿参保	部分地区与基本养老保险衔接	没有财政补贴或者差额补贴
被征地农转非人员养老保险	被征地农转非农民	自愿参保	与企业基本养老保险衔接	与基本养老保险一样

* 国务院分别出台了新型农村居民养老保险和城镇居民养老保险，但不少地区（如北京、重庆等）在制度设计中统一为“城乡居民养老保险”。

** 部分地区自收自支事业单位实行与企业基本养老保险统一的政策（如北京），部分地区实行独立的政策（如重庆）。

*** 农民工养老保险各地区差异较大，部分地区曾实行独立的政策（如北京等），也有直接参与基本养老保险的（如深圳市）。

**** 半强制是指由雇员自愿决定是否参保。

2. 不同区域之间的碎片化

除了按人群设计制度导致的不同养老金项目的碎片化以外，地方政府在养老保险政策上较强的自主性导致了区域之间的碎片化问题：

（1）各地基本养老保险的实施细则千差万别。目前，我国基本养老保险制度框架已经全国统一，但在具体实施细则上各省差异仍然十分显著。

主要表现为：一是各地区之间统筹层次不一样，目前省级统筹的目标都还没有完全实现，部分地区的养老保险还停留在市级统筹层面，与养老保险基金全国统筹的目标相去甚远；二是基本养老保险政策在具体实施细则上各地区差异较大，比如费率水平、缴费基数、基础养老金水平、个人账户记账利率等地方政策拥有很强的自主权，养老保险甚至成为地方政府调整经济发展、促进招商引资的政策工具，养老保险具体实施政策没有在全国层面实现统一。

（2）城乡居民养老保险没有形成统一框架。我国早在1986年就开始在各地区进行农村养老保险试点，但由于经济条件及制度设计等各方面原因，农村养老保险只在零星地区进行试点。2009年，国务院决定在全国10％的县（市、区）开展新型农村社会养老保险试点，并提出在2012年覆盖率达到50％，2020年基本实现全覆盖的目标。2011年，国务院又出台了《城镇居民社会养老保险试点的指导意见》，逐渐开展城镇居民社会养老保险试点工作。由于新农保和城镇居民养老保险（合称城乡居民养老保险）还处于试点阶段，国家只出台了指导性文件，并没有全国统一的制度安排。各地方都是根据自身实际进行制度设计，目前城乡居民养老保险制度基本上是"一地一策"（李长远，2010），各地区在缴费水平、缴费办法、财政补贴标准、待遇水平、统筹层次等各方面都不一样。这将给未来城乡养老保险以及各类人群养老保险政策的统一带来困难。

部分地区新农保试点政策的比较见表5—2。

表5—2　　部分地区新农保试点政策比较

项目	北京	天津	重庆
缴费水平	最低缴费标准为上一年度农村居民人均纯收入的9％；最高缴费标准为上一年度城镇居民人均可支配收入的30％	缴费基数为上一年度本市农村居民人均纯收入，按年缴费的有缴费基数的5％、10％、20％、30％四个档次	缴费标准有100元、200元、400元、600元、900元五个档次
财政补贴	财政补贴主要体现在基础养老金上	补贴标准为每人每年30元	每人每年补贴30元，并记入个人账户

续前表

项目	北京	天津	重庆
待遇水平	基本养老金由基础养老金和个人账户养老金两部分组成 基础养老金：每人每月280元 个人账户养老金：由本人个人账户累计储存额（含利息）除以计发月数	基本养老金由基础养老金和个人账户养老金两部分组成 基础养老金：每人每月150元 个人账户养老金：由本人个人账户累计储存额（含利息）除以139个月	基本养老金由基础养老金和个人账户养老金两部分组成 基础养老金：每人每月80元 个人账户养老金由本人个人账户累计储存额（含利息）除以139个月
与职工养老保险衔接	个人账户分别记入基本养老保险的个人账户和统筹基金。按照自由职业人员的最低缴费标准折算为基本养老保险的视同缴费年限	个人账户储存额的40%转入城镇职工基本养老保险个人账户，60%转入统筹基金，并按灵活就业人员的最低缴费标准折算视同缴费年限	还未出台

（3）农民工养老保险区域差异大。农民工养老保险的“碎片化”体现在，各地区之间是否实施单独的农民工养老保险制度不一，各地养老保险模式差别比较大，主要包括（展凯，申曙光，2008）：一是纳入型，将农民工直接纳入城镇职工养老保险制度中，如广东、河南、甘肃、陕西等；二是独立的农民工养老保险制度，养老保险费由用人单位和农民工共同缴纳，个人账户可以继承、转移，如北京；三是综合型农民工养老保险制度，外来从业人员的综合保险费用全部由单位缴纳，而无单位的外来从业人员由自己缴纳费用。综合保险是一个完全孤立的险种，既不存在与参保者个人之前基本社保缴费接续的可能，也不存在以后转为基本社保缴费的可能，如上海、成都。按《社会保险法》的要求，农民工今后应该统一纳入职工基本养老保险范畴，但各地区已经试点的政策如何统一合并亟待解决。

（4）其他养老保险项目的零散性特征。除了以上养老保险项目差异之外，各地区为了适应和满足自身参保群体的意愿和要求，还针对一些特定人群建立了许多特殊的养老保险政策，比如自收自支单位养老保险制度、城镇灵活从业人员养老保险制度、被征地农转非人员养老保险制度等。此外，为了推进事业单位的养老保险制度改革，国家将广东、山西、上海、浙江、重庆五个省市作为先行试点区域，个别省市也已经出台了专门针对事业单位人员的养老保险制度。这些不能有效衔接的政策加剧了养老保险制度的碎片化。

3. 制度转移衔接不顺畅

目前各类养老保险制度转移接续不合理，主要表现在以下几个方面：一是居民养老保险与其他养老保险转移衔接不顺畅。目前不少地区已经对居民养老保险制度与职工基本养老保险制度的衔接与转移出台了相关办法，对两种制度的个人账户金额进行视同缴费年限换算，但由于新农保参保条件比较低，导致居民养老保险折算为职工养老保险时，视同缴费年限很少，并且存在参保人需要补缴金额的测算等困难。另外，居民养老保险与机关事业单位养老保险衔接转移还没有具体的政策规定，所以部分地区在操作中只能先冻结原先的账户，这个问题亟待解决。二是职工基本养老保险、机关事业退休金向居民养老保险转移接续政策无法可依。目前的制度设计只允许居民养老保险向其他更高保障水平的养老保险制度转移，而没有高级别养老保险制度向低级别养老保险制度转移衔接的政策（白维军，2009）。但在实际中，可能存在部分参保人原先在工作时参加的是职工基本养老保险，后来因为失业或者其他原因无力承担基本养老保险的缴费情况。按照保障水平适度性原则，此时应该允许参保人选择更低保障水平的居民养老保险，但目前并没有政策对这种状况的转移接续办法做出明确规定，这导致不少原先参加了职工基本养老保险的人，在因为失业等原因无力缴费之后，只能拖欠养老金或者退保。三是许多省市自行开展的各种政策（如老农保、农民工养老保险、机关事业单位养老保险、被征地农转非人员养老保险、灵活从业人员养老保险等）相互之间往往不能衔接。

在目前劳动力市场化程度比较高的情况下，参保人的身份变化比较频繁，按不同人群设计参保制度既增加了经办机构的管理成本，也影响了养老保险的透明度，降低了制度的吸引力。

（二）制度碎片化的后果

制度碎片化的不良后果主要体现在以下四个方面：

1. 增加了制度运行成本

全国社保系统经办机构队伍只有 11 万～12 万人。[①] 郑秉文（2009）认为，即使统一制度，我国社会保险管理负荷也已经远远高于国外，如果再加上碎片式的退休制度，那就会增加成倍的工作量，不但极大地降低了本来就是粗放管理型的工作质量，而且增加了基层社保经办机构在工作中的操作难度。比如，增加了制度设计成本、宣传成本、软件设计复杂性、经办人员数量、档案数量、差错率等各种交易成本。

2. 影响统筹层次提高

制度破碎导致统筹层次难以提高。比如，目前我国农村保险制度的统筹层次大部分停留在县级统筹，而统筹层次过低不利于劳动力流动时保险账户的转移和清理，而且缴费收入管理分散，地区之间不平衡。从横向看，地区间不能调剂，从纵向看，中央政府无法以丰补歉（郑功成，2010），从而使养老金制度再分配和缩小贫富差距的功能缺失，无法满足风险共担的大数法则，从而降低了社会保障体系的抗风险能力，提高了财务风险。

3. 限制劳动力的自由流动

在市场经济条件下，不同职业身份、不同户籍、不同地区之间人口的流动性非常大。首先，机关事业单位从业人员、自收自支事业单位从业人员、企业社会团体职工、农民工、普通居民之间没有明确的界限，各类人

① 参见郑秉文：《中国社会保险“碎片化制度”危害与“碎片化冲动”探源》，载《社会保障研究》，2009（1）。

群不仅身份变换频繁，而且相互交叉重叠；其次，在城镇化过程中，农业人口大量向非农人口转变，未来甚至会出现非农人口向农业人口转移的情况；最后，劳动力跨区域流动规模庞大。制度碎片化，导致各类养老保险项目不能有效转移接续，必将阻碍人口的自由迁徙，导致劳动力市场的职业分割、城乡分割和区域分割（郑秉文，2009）。

4. 降低养老保险吸引力

越简单的制度越容易被公众接受，越容易普及推广。郑秉文认为，统账结合的养老保险制度本身已经是一项复杂工程，但制度的碎片化一是不利于信息的公开，制度设计难以对制度进行宣传推广，并进一步降低了养老保险制度的透明度，减弱了制度的可信度；二是导致了参保人交易成本的上升，降低了人们参保的积极性；三是制度之间无法有效衔接，影响了养老保险项目的便携性和可及性，减少了养老保险制度对公众的吸引力。

（三）制度碎片化的原因

养老保险制度碎片化的一个主要原因在于地区之间发展的不平衡影响了养老保险制度跨省的统一性，而制度缺少顶层设计及地方政府太大的自主权进一步加剧了碎片化。

1. 缺少从上至下的顶层设计

郑秉文（2009）认为，我国社保制度整体设计上还处于支离破碎、头痛医头、脚痛医脚的阶段，既没有一个共同的模式理念，也没有短期、中期、长期的量化规划，基本养老保险制度始终处于未定型、未定性、未定局的阶段。这种缺乏顶层制度设计的安排造成了政策设计和制定中留下的余地和空间很大，随意性很强。过去养老保险改革的一个基本特征是以地方政府为主导，中央政府只是提出一个基本的改革方向与政策框架，在具体政策设计、经办机构设立、基金收支管理等方面都是地方政府在自行负责实施。很多本来应该由中央政府承担的责任推卸给了地方，于是，从中央到地方，一直未能形成一个完整的制度目标与发展共识。

2. 地方拥有太大的自主权

由于中央把多数责任转移给了地方政府，导致地方政府日益强势，中央政府的权威日益弱化，很多设计是中央和地方协商的结果，缺乏执行政策的严肃性（郑秉文，2009）。同时，由于地方政府承担了较多的责任，存在一定的不满情绪，这又强化了地方政府对中央政府讨价还价的能力。另外，由于各地政府领导人有其独特的社会经济发展理念与目标，作为能够影响区域经济发展的重要政策，社会保险也“异化”成为政府进行宏观经济管理的重要政策工具，甚至成为招商引资的重要手段，导致养老保险改革政策的偏差，加剧了养老保险制度“碎片化”的趋势。

3. 社会经济发展不平衡

社会保障建立在经济发展的基础上，其发展水平由经济发展水平决定，地区之间发展的非均衡性直接导致了养老保险制度的非统一性与非一致性。

首先，表现在养老保险基金的跨省统筹上。一方面，由于各地居民收入水平存在巨大差异，在现行政策下，养老保险制度所带有的缩小收入差距特点，对低收入参保人更有吸引力，使得发达地区不愿意与欠发达地区合并统筹；另一方面，地区间养老保险存在的负担差异，使得养老保险负担较轻的新兴工业地区不愿意与老工业地区合并统筹。

其次，表现在地区之间对养老保险水平的承担能力上。特别是新型农村居民养老保险，由于各地区农村居民缴费能力有差别，在定额缴费模式下，很难实行全国统一的政策，甚至在省级区域内部实行统一的居民养老保险政策都存在很大的困难。加上政策的非强制性，制度设计只能在效率优先的情况下兼顾公平，先扩大覆盖面，再提高养老保险保障水平。

最后，由于各地区之间财力状况、集体补贴力度的差异，实行差别化的制度，更有利于调动地方政府的积极性。

二、财务难以持续降低了制度可信度

目前养老保险的“历史包袱”仍然没有解决，在人口迅速老龄化情形下，未来支付风险不断增加。现在人们已经开始担心政府可能采取一些不利于参保人的措施来解决困难，包括推迟退休年龄、降低养老金待遇水平以及制定更加严格的支付条件等。这种预期影响了制度的可信度以及公众参保的积极性。

（一）老龄化对财务可持续性的冲击

1. 人口老龄化的预测

表5—3给出了主要国家和地区养老负担和抚养比的数据。从表中可以看出，目前许多发达国家已经进入人口老龄化的阶段，特别是日本与意大利的养老负担达到20%；我国2008年65岁以上人口只有7.8%，而抚养比只有0.4。

表5—3　2008年主要国家和地区养老负担与抚养比

国家/地区	65岁以上人口占比（%）	抚养比	国家/地区	65岁以上人口占比（%）	抚养比
世界	7.4	0.6	泰国	7.3	0.4
日本	20.9	0.5	中国澳门	7.1	0.3
意大利	20.0	0.5	斯里兰卡	7.1	0.4
德国	19.7	0.5	巴西	6.4	0.5
西班牙	16.9	0.5	越南	6.3	0.5
法国	16.6	0.5	墨西哥	6.1	0.6
英国	16.2	0.5	土耳其	5.8	0.5
乌克兰	16.1	0.4	印度尼西亚	5.8	0.5

续前表

国家/地区	65 岁以上人口占比（%）	抚养比	国家/地区	65 岁以上人口占比（%）	抚养比
荷兰	14.5	0.5	缅甸	5.5	0.5
捷克	14.5	0.4	委内瑞拉	5.2	0.6
俄罗斯	13.6	0.4	伊朗	5.0	0.5
加拿大	13.4	0.4	印度	4.7	0.6
波兰	13.3	0.4	马来西亚	4.5	0.5
澳大利亚	13.2	0.5	埃及	4.5	0.6
美国	12.5	0.5	南非	4.3	0.6
中国香港	12.5	0.4	菲律宾	4.0	0.7
新西兰	12.4	0.5	巴基斯坦	3.9	0.7
阿根廷	10.5	0.6	蒙古	3.9	0.5
以色列	10.1	0.6	孟加拉国	3.8	0.6
韩国	10.0	0.4	老挝	3.7	0.7
新加坡	9.1	0.4	柬埔寨	3.3	0.6
中国内地	7.8	0.4	文莱	3.3	0.5
哈萨克斯坦	7.7	0.5	尼日利亚	3.1	0.9

注：抚养比指 0～14 岁和 65 岁及以上人口与 15～64 岁人口之比。
资料来源：World Bank WDI Database.

低的抚养比说明当前我国还存在较大的人口红利，但是在过去 段时期的计划生育政策影响下，随着人口出生率的下降，今后人口红利将逐渐消失，而老龄化问题将变得更突出。图 5—1 描绘出了 2010—2050 年各时期的人口金字塔形状。① 从图中可以看出，未来中国人口老龄化问题将变得十分突出，2000—2010 年期间是中国人口红利最大的时期，但 2030 年以后，人口红利开始消失。

① 有关人口数据的预测方法与结果见第九章。

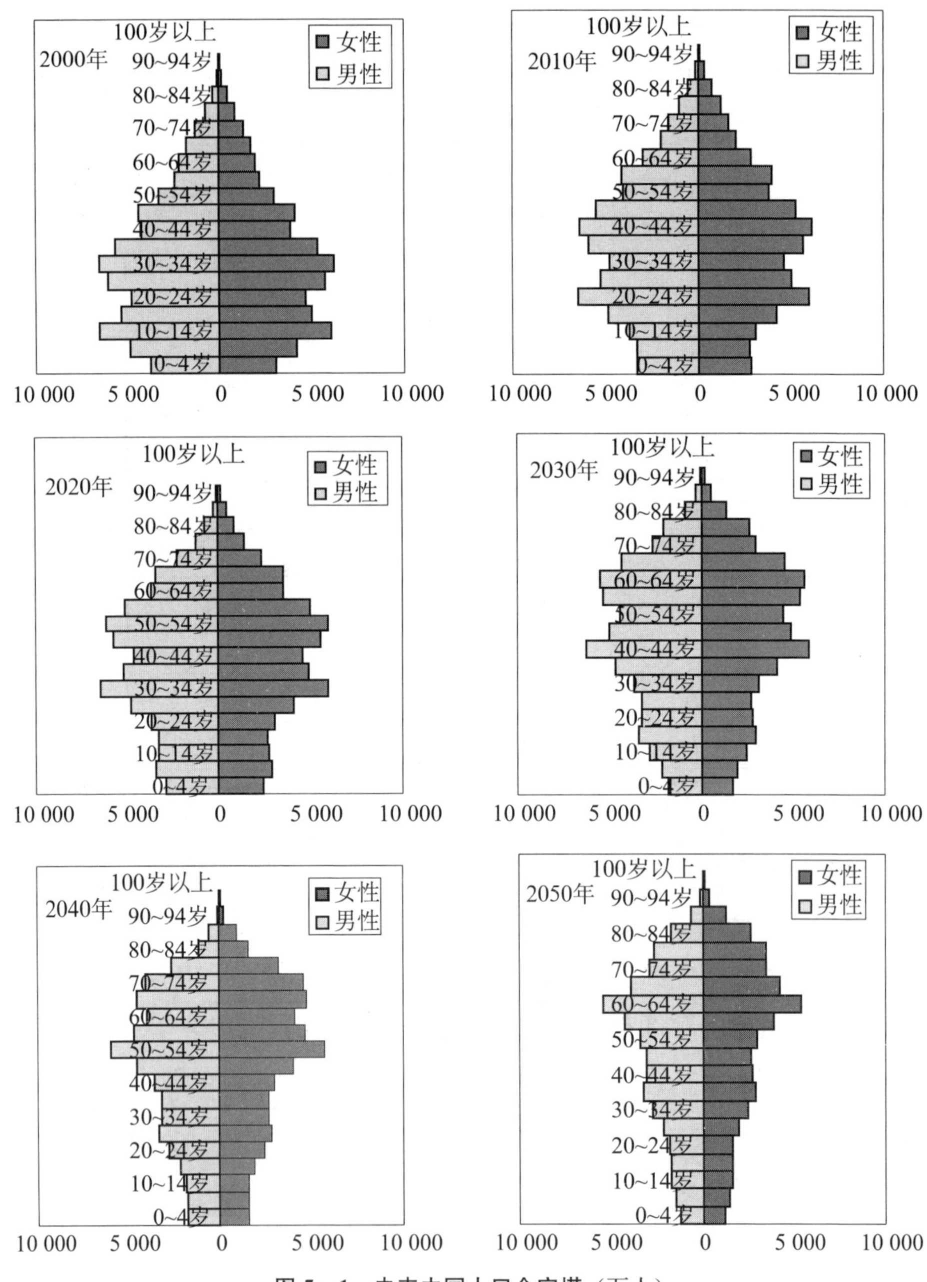

图 5—1　未来中国人口金字塔（万人）

2. 老龄化的后果

未来人口老龄化的加剧将导致我国养老保险负担不断加重，基金收支缺口不断增加，面临“未富先老”的困境。

（1）养老负担不断加重。

老龄化产生的一个最直接问题就是养老负担不断加重。表5—4列出了2011—2050年中国养老负担的变化。从表中可以看出，未来养老负担将呈递增的趋势加重，2035年65岁以上人口占比超过20%，2050年65岁以上人口占比高达27.02%，将是2011年水平的3.2倍。

表5—4　　2011—2050年养老负担测算结果（%）

年份	65岁以上人口比例	年份	65岁以上人口比例	年份	65岁以上人口比例	年份	65岁以上人口比例
2011	8.446	2021	12.396	2031	17.559	2041	24.631
2012	8.649	2022	12.865	2032	18.374	2042	24.970
2013	8.893	2023	13.424	2033	18.955	2043	25.104
2014	9.144	2024	13.845	2034	19.931	2044	25.299
2015	9.500	2025	13.984	2035	20.698	2045	25.497
2016	9.892	2026	14.217	2036	21.658	2046	25.650
2017	10.249	2027	14.222	2037	22.398	2047	25.861
2018	10.776	2028	14.848	2038	23.097	2048	26.400
2019	11.253	2029	15.922	2039	23.698	2049	26.696
2020	11.830	2030	16.728	2040	24.234	2050	27.021

（2）面临“未富先老”的难题。

发达国家在进入老年型社会阶段时，经济发展水平普遍较高，人均GDP一般接近10 000美元。而我国目前还属于发展中国家，在2000年进入老龄化国家时城镇居民人均可支配收入只有6 296元（按当年汇率折算约761美元），到2010年城镇居民人均可支配收入也只有21 033元（折合3 107美元），如果把农村居民收入水平加进去，则实际收入水平更低。我国目前的发展水平与发达国家相比还有很大差距，面临着“未富先老”的难题。过早进入老龄化社会将导致一系列社会经济问题，特别是随着人口老龄化的趋势日益严重，老年人口的数量及病残率上升，社会养老和医疗的压力越来越大；而劳动年龄人口的相对减少和绝对减少，导致养老和医疗保险基金收入减少，养老保险与医疗保险的收支缺口将不断增加。人口老龄化发展必然要求现行的养老保险制度进行改革，不能完全依靠国家财政负担养老问题，需要建立不同层次、形式多样的养老保险制度（郑功成，2010），使其既能解决未来越来越多的老年人的养老问题，又能保证国家经济持续稳定地增长。

（二）历史遗留问题没有完全解决

目前，基本养老保险的“历史包袱”仍然没有解决，在人口迅速老龄化情形下，未来支付风险不断增加；历史遗留问题主要包括政府隐性债务、国企改革下岗职工和个人养老金账户空账问题。

1. 政府隐性债务问题

在新中国成立初期，我国建立了现收现付制的社会养老保险制度。在计划经济体制下，这种制度体现了公有制下互助互利的社会保障功能，简便且行之有效。但是在改革开放和市场经济发展战略下，随着人口老龄化加速，这种制度的弊端和深层次矛盾日益显现：在岗人员负担越来越重，不同职工年龄结构的企业负担不均，企业运作成本差异产生市场不公平竞争，老龄化导致未来养老金支付风险递增等（翟文，2009）。为应对人口老龄化的挑战，适应市场经济体制的需要，从 1993 年开始，我国开始建立统账结合的社会化发放的养老保险制度，养老保险筹资方式从现收现付制转变为社会统筹和个人账户相结合的部分积累制。1997 年国务院出台的文件确立了养老金的计发按“新人”新办法、“老人”老办法的原则，继续实施现收现付制对养老金的发放采用“中人”过渡办法，除发放个人账户养老金和基础养老金以外，同时发放现收现付制度下以工龄系数计算的过渡性养老金。“新人”新办法，指新人的养老金由来自个人储蓄的个人账户养老金和来自社会统筹的基础养老金构成。当现收现付制转轨为部分或完全的积累制时，养老保险隐性债务就会部分或全部地显性化。养老保险隐性债务在世界上是一个普遍现象，目前我国不仅存在养老保险隐性债务的问题，而且其规模巨大。根据不同机构和学者的研究结果的估算，隐性债务最小为1.8万亿元，最大超过10万亿元。①

转轨成本是养老保险制度由国家保障的现收现付制向统筹结合的半积累制转变产生的必然结果。在制度转轨过程中，为了维护参保人的合理利益、保证制度公平，对于制度中的“老人”和“中人”的利益通过“视同缴费年限”的方法确认，但是相应的资金却一直没有落实。在现行制度运行过程中，历史转轨成本与当期养老保险基金混为一体，导致成本隐性化，并由此产生了一系列问题：一是当前参保人和企业过高的费率水平，侵害了“新人”的利益，并降低了职工参保积极性，导致养老保险覆盖率低；根据测算（郑功成，2010），在不考虑转轨成本并实现全国统筹的情况下，统筹账户只需要15%的缴费率就可以维持资金平衡，但由于要解决制度转轨产生的隐性债务问题，导致目前养老保险统筹费率高达20%，加重了企业与职工的养老保险负担。二是导致养老金个人账户“空账”运行问题。由于转轨成本一直未能彻底解决，使得现阶段统筹账户基金支付压力增大，在没有其他资金来源的情况下，只能挪用个人账户的养老金，使得养老金“统账结合”模式的功能无法充分发挥。

2. 国企改制遗留问题

首先，由于政企未分，再加上许多老国有企业经营不善，有些已宣布破产、停产，使得许多地区（特别是老工业基地和西部地区）历史遗留的社会保障问题一直未能解决。由于政府与国企之间关系的规范存在难度，

① 柏满、雷黎：《中国养老保险隐性债务未来规模的预测》，载《数理统计与管理》，2008（2）。

政府的职能转变不到位，企业与政府之间依然保持着紧密联系，存在着难以割舍的关系。当国企因各种原因欠费时就去找政府，政府也未摆脱对国有企业的管理责任，为清欠带来了障碍（乔骏，2003）。此外，部分国有企业与政府部门发生债权、债务关系，政府对企业的欠账较多，致使企业无力为职工办理社保。其次，在前期国有企业改革过程中，不少已宣布破产、停产的国企，养老保险费无法按破产程序清偿。有些企业早已宣布破产，但没有依法操作，职工安置问题一直悬而未决。还有一些非正常解体的企业，欠费问题长期挂账，社会保险机构很难或无法通过法院对欠费企业的财产实施保全措施，以致企业所欠养老保险金成为无法解决的历史遗留问题（宋晓梧，2000）。最后，国有企业养老保险体制改革最为突出的缺陷是一直没有彻底解决国有企业养老保险的历史债务补偿问题。我国国有企业长期积累下来的数量庞大的离退休人员过去对国家和企业做出了贡献，应该享受养老保险，但新的制度中又没有这部分资金的积累。如何解决这部分极为庞大的转轨费用已经成为我国经济体制改革的重要内容（乔骏，2003）。

3. 个人账户空账问题

由隐性债务显性化过程中产生的“空账”带来的直接后果是统筹基金不断透支个人账户，这势必会减弱养老基金收支之间制衡关系的约束力，出现悄然蚕食养老基金的“透支未来”现象（翟文，2009）。在高通货膨胀时期，特别容易产生个人账户养老金贬值，这些问题在进入人口老龄化高峰之后会更加凸显，这实质上是当代人的欠债需要下一代人来偿还，不利于养老保险制度的可持续发展。而且，近年来许多地区养老保险基金连续出现收不抵支、基金缺口逐年扩大的现象，这使现行养老保险体制运行面临极大的支付危机。

（1）空账的规模。

1997 年以前我国实行的是现收现付制的“公共养老”模式，1997 年国务院颁发了《关于建立统一的企业职工基本养老保险制度的决定》，开始实行社会统筹与个人账户相结合的基金半积累的养老保险制度。参保人个人账户长期储存积累增值的基金，其所有权归个人，一次性或按月按用途领取。通过选择适当的方式投资运营，可以达到保值增值的目的。这一体制设计的出发点是为了应对未来人口老龄化带来的养老金支付压力，实现养老金支付代际平衡。但是，世界银行报告①（1997）指出："中国几乎所有的养老保险费用都被用于支付现期退休金，支付给养老保险金的结余利息率也是名义的，在目前制度下设立的个人账户大多是空账户，这样的空账户根本不能满足积累养老金的目标。"劳动和社会保障部估计，2004 年中国个人账户空账规模达到 7 400 亿元。劳动和社会保障部（2005）向国务院提交的一份报告指出，中国未来 30 年（2005—2035）养老金的缺口为 6 万亿元。郑秉文（2010）认为②，我国个人账户空账规模已经扩大到了 1.3 万亿元。

（2）空账形成的原因。

理论上讲，在统账结合的养老保险制度下，如果社保基金将统筹账户与个人账户分离，即使养老金收不抵支，出现亏空的也应该只有统筹账户，个人账户是不可能出现亏空的。但我国在从现收现付制向半积累制转变的过程中，由于历史遗留的隐性债务数额巨大，统筹基金收入和财政补贴不足以支付现期的基金支出，只好挪用个人账户的累积基金，导致形成"空账"（龚秀全，2007）。所以，导致"空账"问题出现的根本原因在于历史遗留问题及制度安排存在缺陷。人力资源和社会保障部副部长胡晓义认为，空账的问题不是由于某个人或者某个单位造成的，而是制度安排上的问题。在计划经济体制时期，职工的退休金是由单位和国家负责，实行现收现付制，那时没有考虑今后老龄化导致的支付压力与财务风险，所以

① World Bank, *Averting the Old Age Crisis*, New York: Oxford University Press, 1997.

② 参见郑秉文在 2010 年 7 月"中国和拉美养老金制度国际研讨会"上的讲话。

没有个人账户的安排，也没有养老金积累。当养老保险制度转轨后，需要解决改革前参加工作而没有形成积累的职工的隐性负债。转轨成本包括“老人”（1997年6月以前退休的职工）的全部养老金和“中人”（1997年以前参加工作，1997年6月以后退休）的过渡养老金，这些都属于应该由政府负担的隐性债务（龚秀全，2007）。劳动部社保所（1995）对隐性债务的测算结果为2.88万亿元；世界银行（1997）估算的转轨成本为3万亿～4万亿元；国务院体改办（2000）得出的债务规模为6.7万亿元；王晓军（2000）的测算结果为3.7万亿元。在“统账结合”的混合制模式下，转轨成本由谁负担①的问题直到现在仍然没有解决，导致一直以来个人账户被挪用来填补“缺口”，造成“空账”。

除了转轨成本，另外两个方面的现实原因加剧了养老保险“空账”问题。一是企业改革过程中出现的提前退休现象，额外地加重了养老资金的负担。在由计划经济向市场经济转轨时期，相当一部分企业亏损严重，职工大量下岗，迫于就业形势严峻以及较高的养老金替代率，许多人选择了提前退休。另外，为解决下岗职工的安置问题，相关政策允许企业采取提前退休、内部退养等方式进行分流，于是许多企业给在职人员办理了提前退休手续，把负担转嫁给了政府和社会。虽然没有提前退休规模的相关统计数据，但从我国平均退休年龄不到52岁（杨宜勇，2010）就可看出，我国提前退休现象相当普遍。二是退休人口比重不断上升，加重了养老金支付压力（骆正清，2010）。1989年基本养老保险在职参保人员与退休人员之比是5.39∶1；2000年在职参保人员与退休人员之比下降到了3.30∶1；2009年进一步下降到3.05∶1。在职参保人员年均增长6.74%，而退休人员年均增长9.81%。退休人员大量增加导致了养老金支付规模的扩大，收支不平衡问题更加严重。

① 普遍的看法是应该由政府负担，但由哪级政府负担、各级政府负担的比例怎么计算等具体问题一直没有解决。

（3）空账的后果。

“空账”问题的主要后果包括：一是由于缺少养老金积累，养老保险基金无法抵御未来人口老龄化的支付危机，影响人们对现行养老金制度的信心；二是“空账”使得个人账户的资金难以实现保值增值。但是，部分学者（郑秉文、顾昕等，2011）① 认为，养老保险金只要政府认账就行，只要政府能保证退休金的发放，什么时候做实个人账户效果也许是一样的。而且目前也没有做实个人账户的必要，因为在当前养老金统筹层次过低的情况下，个人账户基金收益率很难得到保障。

（三）中央与地方政府权责不清

目前，养老保险中政府权责不明确主要表现在：

1. 政府向企业和个人转嫁历史负担

1998 年以前，政府一直试图逐步利用社会统筹账户资金来解决转轨成本问题，将巨大转型成本在中央政府和地方政府之间分摊（雷根强，苏晓春，2008），但是社会统筹账户在 1997 年开始出现支付缺口，并由此产生了“空账”问题。目前全国已经有 17 个省份正在进行做实个人养老保险账户试点，虽然 1998 年以后开始承担责任，但迄今为止仍然没有明确转制成本的化解方案。在整个养老保险制度转型过程中政府都或多或少地存在向企业和个人转嫁财政责任的问题（郑功成，2010）。

首先，政府向企业转嫁社会保险制度转型成本。雷根强（2008）认为，在养老保险由过去单位现收现付养老模式向社会化的统账结合模式转型的过程中，“老人”的全部养老金和“中人”的过渡养老金都是由新制度中的社会统筹基金支付的，而根据新制度的目标模式，统筹基金只能支付社会基础养老金部分，因此，从理论上讲，“老人”和“中人”的个人

① 参见《1.3 万亿养老金空账之忧》，载《时代周报》，2010-07-23。

账户积累额和统筹资金构成了养老保险制度转型成本。对新制度而言，这是一种历史债务。由于在计划经济体制下，企业已将保障这一部分权益的钱以利润的形式完全上缴给政府，因此，政府应该补充这一部分钱。然而，政府通过向企业征收超高的养老保险费将这一债务部分地转嫁给了企业。

其次，政府向个人的转嫁责任，主要表现在：一是通过挪用“个人账户”的资金用于养老金的支付，造成了个人账户的“空账”。据郑秉文（2010）估算，2010 年中国养老金“空账”规模约为 1.3 万亿元。二是通过对养老金领取资格的限制将一部分在国家经济结构调整中被淘汰而又没有再就业的“中人”排斥在制度之外，让其自行负责养老问题，或者让其养老保险权益积累自行消失，如从国有企业失业、下岗的工人转化为现行养老保险制度网外的个体户或非正规就业者就是如此。

2. 中央政府与地方政府之间存在着相互转嫁责任的问题

主要表现在：一是地方政府通过向中央政府索取补助而过度依赖中央政府，这一现象表明我国社会保险管理和运行名义上是地方负责制，实际上是中央“财政兜底制”（林治芬，2006）。由于受计划经济体制下“父子”关系的影响，虽然我国的财政体制早已实行分税制，但财权的独立并没有带来事权的独立，事权没有划分清楚，财权方面也就难以完全划分清楚。二是中央通过企业改制等形式向地方政府转嫁责任（乔骏，2003）。例如，在计划经济时期，我国国有企业分为中央企业与地方企业，对企业职工的社会保障责任也就相应地由中央财政和地方财政分别负责。改革开放以来，中央通过国有企业改制，将部分中央所属的国有企业下放给地方，使其变成了地方国有企业，其中相当一批中央所属国有企业其实是老企业、社会保险负担很重的企业，随着这些企业的下放，相应的社会保障压力也从中央政府转移到地方政府（雷根强，2008）。再如，1998 年中央政府决定将原来 11 个统筹的行业（如铁路、石油和邮电等）划归地方管理，但中央政府并没有对其过渡和转型成本给予财政补贴，实质上加重了地方政府的财政责任。在养老保险制度转向部分积累制后，为了解决转轨成本问题，国家开始实行“做实个人账户”的试点，目前已经推广到17个省市，但在目前各地社保基金投资收益普遍较低的情况下，即使做实了养老保险基金个人账户，也只能看着几万亿元规模的个人账户基金不断贬值（郑功成，2010）。

3. 地方财力与养老负担不平衡阻碍了全国统筹

在计划经济时期，我国养老保险实行财政统筹，企业的利润必须上缴财政，同时企业的亏损也由财政补贴。因此，由企业承担的职工养老保险责任实际上只是国家的财政统筹（鲁全，2011）。在养老保险实行社会统筹后，各级政府的财政利益得到重新分配。由于养老保险由地方政府统筹，当统筹基金无法支付职工养老金支出时，只能由地方财政来支持，养老保险的统筹层次必然会影响各级地方政府的利益。地方政府之间的这种利益纠葛具体体现在：

（1）养老负担的区域差异带来的利益纠葛。表现在养老保险基金的跨省统筹上，那些拥有较多老国企的地区，其离退休人员也较多，其退休养老保险等社会负担相较于新企业较多的地区更大。因此，养老负担较轻的省市不愿进行全国统筹，而负担较重的省市则希望进行全国统筹。在表5—5中以基本职工养老保险在职参保人员与退休参保人员之比来反映各地区的负担水平。从表中可以看出我国各省级地区养老负担的差异。养老负担最重的是上海、黑龙江、重庆、天津等老工业区，而广东、浙江、福建等新兴工业区的养老保险负担较轻。养老保险负担最重的上海2009年平均1.66个在职人员负担一个退休人员；而负担最轻的广东则是8.23个在职人员负担一个退休人员，是上海的4.96倍。正是区域之间养老负担的显著差别，导致了养老保险发展区域的不平衡，并阻碍了养老保险实现全国统筹的进程。

表 5—5　　2009 年各地区基本养老保险负担比较

地区	养老负担	地区	养老负担	地区	养老负担
上　海	1.663	陕　西	2.504	山　西	3.126
黑龙江	1.758	新　疆	2.547	江　西	3.282
重　庆	1.792	湖　南	2.571	北　京	3.391
天　津	1.941	湖　北	2.589	宁　夏	3.474
西　藏	1.955	内蒙古	2.643	江　苏	3.533
四　川	1.989	青　海	2.693	山　东	4.095
吉　林	2.239	安　徽	2.707	福　建	4.420
辽　宁	2.243	贵　州	2.712	浙　江	6.287
云　南	2.398	河　北	2.864	广　东	8.234
甘　肃	2.419	海　南	2.889		
广　西	2.487	河　南	3.004		

（2）区域间的政府财力差异带来的利益纠葛。表现在地区之间对养老保险水平的承担能力上，特别是新型农村居民养老保险，由于各地区农村居民缴费能力和政府财政补助能力的差别，在定额缴费模式下，很难实行全国统一的政策，甚至在省级区域内部实行统一的居民养老保险政策都存在很大的困难，再加上政策的非强制性，制度设计只能在效率优先的情况下兼顾公平，先扩大覆盖面，再提高养老保险保障水平。在表 5—6 中，以城乡居民养老保险养老金支出金额除以当年平均领取养老金人数来反映各地区新型农村社会养老保险的待遇水平。从表中可以看出，2011 年全国人均领取养老金 997 元/人·年，平均待遇水平最高的是上海和北京，分别达到 5 724 元/人·年和 5 107 元/人·年，是全国平均水平的 5 倍多。而排名最低的吉林省只有 414 元/人·年，不到全国平均水平的一半；最高与最低地区之间的待遇差距达到 12.8 倍。

表 5—6　　2011 年各地区新型农村社会养老保险平均待遇水平

排名	地区	年初领取养老金人数（万人）	年末领取养老金人数（万人）	当年平均领取养老金人数（万人）	养老金支出（亿元）	平均待遇（元/人·年）
	全国	2 862.6	8 921.8	5 892.2	587.69	997
1	上海	14.1	39.6	26.9	15.38	5 724
2	北京	17.7	22.1	19.9	10.17	5 107

续前表

排名	地区	年初领取养老金人数（万人）	年末领取养老金人数（万人）	当年平均领取养老金人数（万人）	养老金支出（亿元）	平均待遇（元/人·年）
3	重庆	265.0	347.7	306.3	82.68	2 699
4	天津	65.6	67.0	66.3	11.43	1 723
5	广东	51.8	182.2	117.0	17.80	1 521
6	浙江	134.2	360.1	247.1	30.21	1 222
7	内蒙古	41.8	71.7	56.7	6.73	1 186
8	贵州	63.5	310.7	187.1	21.30	1 139
9	江苏	132.4	632.2	382.3	41.13	1 076
10	黑龙江	27.7	74.7	51.2	5.22	1 019
11	甘肃	38.0	159.1	98.5	9.99	1 014
12	青海	16.8	33.1	24.9	2.51	1 007
13	宁夏	4.7	33.7	19.2	1.93	1 006
14	四川	199.6	623.1	411.4	38.47	935
15	安徽	93.0	572.7	332.9	29.65	891
16	陕西	97.0	283.5	190.3	16.88	887
17	山东	318.0	988.1	653.1	56.96	872
18	广西	59.6	275.6	167.6	14.35	857
19	海南	17.7	43.6	30.7	2.60	847
20	新疆	58.0	84.7	71.4	6.04	846
21	辽宁	33.6	213.9	123.7	10.17	822
22	福建	57.7	182.6	120.2	9.71	808
23	湖北	115.0	402.9	259.0	20.70	799
24	河北	179.5	511.3	345.4	25.64	742
25	山西	68.8	214.4	141.6	9.99	706
26	西藏	23.5	20.1	21.8	1.52	695
27	湖南	217.8	617.0	417.4	28.43	681
28	江西	75.2	288.9	182.1	12.26	674
29	云南	91.7	253.3	172.5	11.45	664
30	河南	251.1	747.9	499.5	30.24	606
31	吉林	32.2	264.2	148.2	6.13	414

资料来源：2011年、2012年《中国统计年鉴》。

(四) 养老保险基金面临贬值风险

我国社会保险基金投资运营管理存在着管理主体不明、投资渠道单

一、效率低下等问题。在通货膨胀情况下，存在贬值的可能，基金的增值能力和支付能力受到挑战。

1. 通货膨胀的冲击

我国社保基金投资收益率还不够抵御通货膨胀的损失。目前，全国各地五险社保基金结余 2 万多亿元，基本养老保险基金结余 1.25 万亿元。在 2000—2011 年间，CPI 平均为 2.2%，而账户年均收益率不到 2%，意味着每年平均损失几十亿元；在通货膨胀较高的 2004 年（CPI 为 3.9%）、2007 年（4.8%）和 2008 年（5.9%），凭证式国债的票面利率虽然略高于同期银行定期存款利率，但仍不足以完全抵消通货膨胀的风险。郑秉文（2010）估计，仅这 3 年，就意味着损失达上百亿元。

2. 投资回报率过低

个人账户基金投资渠道单一导致了社保基金投资回报率过低。按照《国务院关于印发完善城镇社会保障体系试点方案的通知》（国发［2000］42 号）的规定，个人账户基金由省级社会保险经办机构统一管理，按国家规定存入银行，全部用于购买国债，以实现保值增值。因此，多年来，社保基金的投资范围被限定为银行存款和国债投资，虽然银行存款和国债可以取得稳定的收益，降低投资风险，但却不利于实现保值增值。如果以 1 年期、3 年期银行存款和 3 年期国债为参考，在扣除通货膨胀后，个人账户基金投资从 1994 年到 2008 年的平均利率水平分别为－0.11%、0.73%和 1.25%。比较而言，企业年金可以利用有限的市场工具进行投资运营，自 2005 年以来的投资收益率为 14.26%。

3. 社保基金管理“碎片化”

社保基金统筹层次过低导致基金使用效率低下。郑功成[①]（2011）认为，目前五险基金投资管理层次绝大部分以县市级为主，真正实现大收大

① 参见郑功成：《30 年内养老金不会收不抵支》，载《经济参考报》，2011－03－09。

支的省级统筹的只有北京和上海等四五个省市，2 万亿元社保五险基金分布在 2 000 多个县市级统筹单位，且不同险种基金的管理核算是独立的，每个统筹单位有 3～5 个基金行政管理机构（包括新农保基金）。如此一来，社保基金在全国事实上就被分割成了上万个独立管理的基本单位，呈现出严重“碎片化”，只能通过财政专户存入银行和购买国债的方式将其死死管住；在缺乏完善的法人治理结构和专业人士的情况下，如此“碎片化”的属地化社保基金管理体制不可能具备实行市场化投资的基本条件①；因此，十几年来存银行和买国债是没有办法的办法。而根据全国社保基金理事会的数据，2009 年全国社保基金投资收益率达到 16.1%，全国社保基金成立 10 年来年均投资收益率达到 9.75%，企业年金 2006—2009 年平均收益率为 10.5%，远远高于各地方社保基金的收益率水平。而各地区养老金账户的投资收益率不到 2%（郑秉文，2010），因此，提高统筹层次、实施养老保险账户基金的统一使用与管理，是实现社保基金保值增值的必然选择。

（五）未来养老保险基金支出风险增大

目前我国基本养老保险、居民养老保险等各项养老保险制度的基金收支是独立运行的，由社保经办机构征缴，由各省财政部门监管；机关事业单位退休金则由地方财政拨付。下面通过分析各类养老保险基金收支及结余情况来评估我国养老保险基金支付风险。

1. 基本养老保险基金支付风险评价

职工基本养老保险采用的是统账结合的运作模式。从表 5—7 来看，总体上我国近年来基本养老保险基金收支保持平衡并略有结余。以 2012 年为例，当年基本养老保险基金总收入 20 001 亿元，其中，征缴收入

① 参见广发证券：《社保基金收益率不到 2%，两万亿养命钱面临贬值风险》，中国证券网，2010 - 09 - 08。

16 467亿元，各级财政补贴基本养老保险基金 2 648 亿元，全年基金总支出 15 562 亿元。即使不考虑财政补贴，当年的基金征缴收入在扣除基金支出后，还有 905 亿元的结余（结余金额占当年基金支出的 5.8%）。2012 年年末基本养老保险基金累计结余达到 23 941 亿元。

从短期来看，我国基本养老保险项目短期内支付能力较强，财务风险较小。但是，从长期来看，基本养老保险基金支付存在以下潜在风险：一是从增速看，近年来基金支出的增速远远超过基金收入的增速。例如，2012 年基本养老保险基金征缴收入比 2011 年增长了 18.0%；而基金支出比 2011 年增长了 21.9%；从发展趋势看，随着人口老龄化趋势的加快，基金支出的增速将会提高。二是基金结存总量偏小。2012 年基金结余总量23 941亿元，只相当于 2012 年基金支出的 1.54 倍，主要都是依靠历年财政补贴，因此未来基金支付对财政补贴的依赖比较大。三是由于近年来我国养老保险的重要工作是扩大覆盖面，所以基金收入增长较快，但随着近年来经济增长趋势的减缓，养老保险覆盖率达到一定水平后必然会趋于稳定，未来参保人数的增长空间有限，基金收入的增长趋势随之将会放缓。四是目前我国养老保险的费率水平达到 28%，大大超过了世界银行所建议的发展中国家 10%左右的水平，因此，未来养老保险费率已经没有提升空间，降低费率的预期反而比较高。

以上四个方面因素将导致我国养老保险基金在长期中面临较大的支付风险，财务的可持续性必然受到较大挑战。

表 5—7　　基本养老保险基金收入及结余　　单位：亿元

年份	基金收入			基金支出	基金结余
	总收入	征缴收入	财政补助		
1998	1 459.0			1 511.63	587.8
1999	1 965.1			1 924.85	733.5
2000	2 278.5			2 115.48	947.1
2001	2 489.0			2 321.26	1 054.1

续前表

年份	基金收入			基金支出	基金结余
	总收入	征缴收入	财政补助		
2002	3 171.5			2 842.91	1 608.0
2003	3 680.0			3 122.11	2 206.5
2004	4 258.4			3 502.10	2 975.0
2005	5 093.3			4 040.32	4 041.0
2006	6 309.8			4 896.66	5 488.9
2007	7 834.2			5 964.94	7 391.4
2008	9 740.2	8 016	1 437	7 390	9 931.0
2009	11 490.8	9 534	1 646	8 894	12 526.1
2010	13 419.5	11 110	1 954	10 555	15 365.3
2011	16 894.7	13 956	2 272	12 765	19 496.6
2012	20 001	16 467	2 648	15 562	23 941.0

注：数据来源于历年《中国统计年鉴》、《中国财政年鉴》和《人力资源和社会保障事业发展统计公报》。

2. 城乡居民养老保险基金支付风险评价

从近几年养老保险发展情况来看，城乡居民养老保险基金总体上收大于支，短期内基金支付能力将得到充分保障。由表5—8可看出，2012年城乡居民养老保险基金总收入达到1 829亿元，而基金支出为1 150亿元，基金结余为679亿元，占当年基金支出的59%。2009—2012年四年基金累计结余2 302亿元，是2012年基金总支出的2倍。但是从长远看，养老保险基金支付能力存在以下两个方面的挑战：一是基金支出对财政补贴的依赖性过大。2012年城乡居民养老保险基金总收入1 829亿元中，基金征缴的收入只有594亿元，占总收入的32.5%。这反映出目前基金收入主要来源于各级财政与集体经济的补贴，而参保人缴费所占份额很小。这种收入结构不稳定，并且长期内很难保持可持续的增长能力。二是目前城乡居民养老保险的待遇水平总体偏低。与农村居民人均纯收入相比，养老金的替代率只有11.1%，与60%的国际标准相去甚远，未来持续提高城乡居民养老保险待遇将是大势所趋。这将导致城乡居民养老保险基金支出的快速增长，而在政策不变的情况下，城乡居民养老保险基金收入的增幅必然有限，肯定不可能超过基金支出的增长幅度。因此，我国居民养老保险项目的支付能力未来具有较强的不确定性，与政府的政策变化密切相关，特别是受到财政补贴政策与待遇支付政策影响。

表 5—8　　居民养老保险基金收入及结余　　单位：亿元

年份	基金总收入	其中：征缴收入	基金支出	基金结余
2010	453	225	200	423
2011	1 110	421	599	1 231
2012	1 829	594	1 150	2 302

三、制度缺陷降低了参保吸引力

（一）基本养老保险费率设计不合理

基本养老保险费率设计存在的主要问题在于：一是职工基本养老保险的替代率水平只有 44.69%，与居民收入水平不匹配，离 60%的国际标准有较大差距。二是养老金待遇与职工的养老金缴费负担不匹配，高缴费与低待遇严重影响了职工参保的积极性。三是历史转轨的成本由现在缴费的职工承担，造成代际不公。

1. 基本养老保险费率过高

依据当前基本养老保险政策，如果以职工身份参加基本养老保险，雇主与雇员总的法定费率达到 28%，而如果以个人身份或者灵活从业人员身份参保，则总的费率只有 20%左右（不同地区略有差异）；部分城市，如上海等的总费率水平达到 30%；养老保险费率占社保缴费的 60%以上。现在我国社保支出占 GDP 的比例按照中国的发展水平来说还非常低，但单位和个人缴费比例已经很高，给雇主和工人带来了沉重负担（世界银行，2010），高费率大大降低了养老保险制度的吸引力。

表 5—9 给出了主要城市养老保险费率水平。

表 5—9　　主要城市养老保险费率水平

序号	城市名称	人员缴费类别	单位部分（%）	个人部分（%）
1	北京	企业所有参保人员	20	8.0
		以个人身份参保		20
2	天津	企业所有参保人员	20	8.0
		以个人身份参保		22
3	上海	企业所有参保人员	22	8.0
		郊区用人单位及本市户籍从业人员	19	8
		以个人身份参保		30
4	重庆	城镇户口	18～20	8
		以个人身份参保	12	8
5	南京	企业所有参保人员	20	8
6	武汉	企业所有参保人员	20	8
7	合肥	企业所有参保人员	20	8
8	杭州	企业所有参保人员	14	8
9	成都	外地、本地城镇职工，本地 2011 年 4 月 1 日后参保的本地农村户口	20	8
		原综保的本市户籍劳动者	12	8
		非本市户籍农民工（包括 2011 年 4 月 1 日前后参保的人员）	12	8
10	苏州	企业所有参保人员	20	8
11	徐州	企业所有参保人员	21	8
12	镇江	企业所有参保人员	21	8
13	南通	企业所有参保人员	20	8
14	芜湖	企业所有参保人员	20	8
15	马鞍山	企业所有参保人员	20	8
16	蚌埠	企业所有参保人员	20	8
17	郑州	企业所有参保人员	20	8
18	济南	企业所有参保人员	21	8
19	西安	企业所有参保人员	20	8
20	广州	本地户口	20	8
		外地户口	12	8
21	长春	企业所有参保人员	20	8

表 5—10 给出了以重庆为例的“五险一金”费率水平。从表中可以看出，目前“五险一金”总体费率占工资收入水平的 56.2%～74.2%；其

中，由单位支付38.2%～48.2%，由个人支付18%～26%。而养老金费率水平达到工资水平的28%，是“五险一金”中最大的一项成本。根据ILO（2010）的资料，我国养老负担远远超过智利、墨西哥等发展中国家，与日本接近，面临“未富先老”困境。

表5—10　　　　重庆市“五险一金”费率表

类型	单位（%）	个人（%）	合计（%）
职工基本养老保险	20	8	28
职工医疗保险	8	2	10
失业保险	2	1	3
工伤保险	0.5～2.5	0	0.5～2.5
生育保险	0.7	0	0.7
住房公积金	7～15	7～15	14～30
合计	38.2～48.2	18～26	56.2～74.2

此外，依据当前基本养老保险政策，如果以职工身份参加基本养老保险，雇主与雇员总的法定费率达到28%（部分地区实际费率水平有所下调，如重庆2010年为雇主18%，个人8%，合计26%），而如果以个人身份或者灵活从业人员身份参保，则总的费率为20%。同样一种制度对不同人群设计两种不同的费率水平，一方面制度设计不公平，另一方面容易导致逆向选择问题。

2. 缴费与待遇不匹配

表5—11给出了各类养老保险项目的替代率水平。① 2000年，全国平均养老金替代率为76.47%，其中企业单位替代率为65.81%，事业单位替代率为103.45%，机关单位替代率为101.26%。到2005年，全国平均养老金替代率下降到58.62%，其中企业单位替代率为47.06%，事业单位替代率为88.72%，机关单位替代率为96.88%。从总体趋势看，各类养老金的替代率都在下降，企业养老金替代率下降最快，2012年只有

① 2006年后没有公布相关的数据。

44.69%。虽然没有公布2006年以后机关事业单位退休金的数据，但由于机关事业单位退休金制度没有发生重大变化，替代率总体水平比较稳定，所以，企业与机关事业单位的退休金待遇差距在不断拉大。目前我国企业职工的替代率水平已经低于国际公认的60%的标准，而机关事业单位的养老金待遇水平却相对偏高。

表5—11　　全国各类单位替代率比较

年份	养老金水平（元/年）				城镇平均工资（元/年）	养老金替代率水平（%）			
	全国平均	企业单位	事业单位	机关单位		全国平均	企业单位	事业单位	机关单位
2000	7 137	6 142	9 655	9 451	9 333	76.47	65.81	103.45	101.26
2001	7 717	6 373	11 049	11 570	10 834	71.23	58.82	101.98	106.79
2002	8 807	7 364	12 110	12 988	12 373	71.18	59.52	97.87	104.97
2003	9 407	7 732	13 809	14 654	13 969	67.34	55.35	98.85	104.90
2004	9 715	7 831	14 644	15 932	15 920	61.02	49.19	91.98	100.08
2005	10 668	8 565	16 147	17 633	18 200	58.62	47.06	88.72	96.88
2006	—	9 984	—	—	20 856	—	47.87	—	—
2007	—	11 364	—	—	24 721	—	45.97	—	—
2008	—	13 452	—	—	28 898	—	46.55	—	—
2009	—	14 952	—	—	32 244	—	46.37	—	—
2010	—	16 560	—	—	36 539	—	45.32	—	—
2011	—	18 336	—	—	41 799	—	43.87	—	—
2012		20 900			46 769		44.69		

注：摘编自《中国人力资源和社会保障年鉴（工作卷）2012》；城镇平均工资指的是全国城镇非私营单位就业人员的年平均工资，2006年之后没有公布机关、事业单位平均退休金的数据。

如果把参保行为当作一项投资，则贴现率可以理解为投资年度收益率。根据笔者的测算，在当前制度设计下，参加基本养老保险的收益率仅为1.73%。该收益率水平说明职工缴纳养老保险费用所能获得的养老金收益远低于银行存款。我国基本养老保险制度设计中的待遇水平与其缴费负担极不匹配，严重影响了职工与单位参保的积极性。

3. 转轨成本由在职职工承担

我国在设计养老保险改革方案，也就是从传统的现收现付制转向社会统筹与个人账户相结合的体制时，没有采取专门方式处理转轨成本，而是期冀通过加大企业统筹费率的方式逐步将其消化（宋晓梧等，2000）。在这种情况下，一个以前从未有过的问题凸显在我们面前（孙祁祥，2001）：现有企业和在职职工既要建立个人账户（新体制下的义务），缴纳保险费，又要为已退休的职工提供养老金（现收现付体制下的义务——转轨成本）。为此，新体制必须设计相当高的费率以完成这一计划目标；然而，高费率必然影响人们加入新体制的动力和缴费的积极性。尽管政府采取了一些行政、法规措施，强制更多的企业加入养老保险计划和强制征缴保险费，但收效不明显，抵制也是很大的。其结果必然是以“高费率”开始，以“低收入”终结。不仅如此，高费率必将提高劳动力成本或者导致劳动力的非正式雇佣，其动因在于雇主希望减少其工资性支出以避免沉重的养老保险负担，但这将大大降低劳动生产率。有资料显示，15%的工薪税将引起30%的劳动力的非正式雇佣，由此每年将降低1%的国内生产总值（Corsetti，1994；Corsetti and Schmidt-Hebbel，1997）。因此，试图通过加大企业统筹费率的方式解决转轨成本问题是造成“空账”的根本原因，弥补“空账”必须从解决转轨成本入手。

（二）居民养老保险制度设计不合理

1. 定额缴费方式问题

对于居民养老保险（包括新农保与城镇居民养老保险），其基本缴费方式是定额办法。中央提出的新农保缴费标准目前设为每年100元、200元、300元、400元、500元5个档次，参加城镇居民养老保险的缴费标准目前设为每年100元、200元、300元、400元、500元、600元、700元、800元、900元、1 000元10个档次，地方人民政府可以根据实际情况增设缴费档次。定额缴费方式存在的主要问题是养老金缴纳缺乏动态调整机制，不能随着居民收入水平的提高和物价的上涨而变化。可以预见，随着未来居民收入水平的提高，居民养老保险的保障能力将逐渐下降，居民养老保险制度的吸引力也随之减弱。

2. 财政补贴激励效果不明显

在居民养老保险中，政府对符合待遇领取条件的参保人全额支付城镇居民养老保险基础养老金。中央确定的基础养老金标准为每人每月 55 元，地方政府的补贴标准为不低于每人每年 30 元。目前从新农保实施情况看，大多数农民选择了 100 元或者 200 元的低缴费档次。这一方面反映了农民对新农保试点方案推行的顾虑，另一方面也反映出制度设计对农民选择高缴费档次的激励性不足。根据第四章中的理论分析也可以看出，在现行财政补贴机制下，居民参加低缴费档次养老保险能获得更高的收益率。

3. 政府财政补贴的可持续性问题

由于居民养老保险无法像城镇职工基本养老保险那样采用强制方式推进，所以制度本身是否具有吸引力直接决定了居民养老保险能否持续发展。目前，我国居民养老保险试点依靠财政资金的补贴，进展较快，但从长远来看，财政补贴资金的可持续性存在挑战。根据有关学者的测算，2009 年，全国 60 岁以上年龄人口约 15 330 万人，其中，参加了职工基本养老保险的有 4 706 万人，剩余约 10 624 万人需要参加居民养老保险，按照中央补贴每人 660 元/年计算，中央财政补贴金额为 701 亿元[①]，这笔资金约占 2009 年中央财政收入的 1.95%。而从地方财政的承受能力分析，如果按照国家规定的每人不低于 480 元/年的标准，则地方财政补贴金额为 510 亿元，占 2009 年地方财政收入的 1.56%，但各个地区财政负担差别较大。比如，负担较重的西藏达到了 2.7%。目前无论是中央财政还是地方财政，都还没有明确的制度设计来为这笔资金来源提供保障。

4. 居民养老保险总体替代率水平偏低

养老金作为老年人基本生活的保障，替代率是体现其待遇水平和保障

① 考虑到中央财政对东部地区基础养老金实际按 50%补贴，则中央财政支出更少一些，地方财政支出会更多一些。

能力的重要指标。根据笔者以重庆市居民养老保险制度为例进行的测算，在不考虑未来收入、物价、养老金账户利息等因素变化的条件下，分别以2009年农村和城镇居民收入水平为参照系，在参保人选择每年100元的缴费档次时，农村居民的养老金替代率为27.33%，而城镇居民只有8.2%。即使参保人选择每年500元的缴费档次，农村居民的替代率也只有44.42%，而城镇居民只有13.32%。对于选择每年100元缴费档次的居民，其养老金水平只达到农村生活消费支出的35.4%，城镇居民消费支出的11.5%。由此可见，目前城乡居民养老保险的总体替代率水平偏低，还无法达到“老有所养”的目标。

(三) 统筹层次过低

统筹层次是体现养老保险社会化水平的重要标志。当前我国养老保险基本上已经实现了省级统筹，而城乡居民养老保险由于处于试点与推广阶段，基本上都处于县级（或者市级）统筹阶段。从长远看，养老保险基金应当实行全国统筹，但是，在目前的财税体制下，中央和地方“分灶吃饭”，养老保险基金跨省调剂困难，实行全国统筹难度比较大（郑功成，2010）。统筹层次过低的危害主要表现在：

（1）过低的统筹层次使养老保险的互济性难以体现，养老保险基金制度是建立在大数法则基础上的，只有参保人数足够多，养老保险基金的运作才能实现动态平衡，以及充分发挥养老保险基金的统筹协调功能（袁文全，2009）。养老保险统筹层次过低，基金在各地区之间条块分割，使得养老保险基金抗风险能力下降。

（2）统筹层次过低不利于实现各级政府责任分担。为了解决转轨成本产生的隐性债务，1998年以来中央以专项补助形式向各地转移支付养老保险财政资金，但在统筹层次过低的条件下，资金有结余的地区不但不上缴，反而继续向中央申请财政补助，不利于明确中央与地方以及地方各级政府之间的责任（席恒，2010）。另外，低统筹层次必然导致养老保险基金分散化的管理单位，从而增加了基金管理难度与成本，提高了各地区政府的财政负担。

(3) 统筹层次过低会影响基金实现保值增值。郑功成（2011）认为[①]，目前五险基金投资管理层次绝大部分以县市级为主，2 万亿元社保五险基金分布在2 000多个县市级统筹单位，呈现出严重“碎片化”状态，只能通过财政专户存入银行和购买国债的方式将其死死管住。另外，在缺乏完善的法人治理结构和专业人士的情况下，如此“碎片化”的属地化社保基金管理体制，不可能具备实行市场化投资的基本条件。因此，提高统筹层次，实施养老保险账户基金的统一使用与管理，是实现社保基金保值增值的必然选择。

四、经办体系不完善提高了参保成本

随着参保人群由职工扩大到居民、由城镇扩大到农村，社保经办机构正面临业务量大、运行成本高、服务水平低的窘境，影响了经办机构的服务水平与居民参保的积极性。面对这些问题和矛盾，养老保险经办机构传统的经办模式、经办能力、经办服务内容正在接受一场全新的挑战。

（一）业务经办能力不足

近年来，随着居民养老保险业务的开展，一方面，参保人数大幅增加；另一方面，参保的对象由过去以单位为主转变为以居民个人为主。社保经办对象呈现零散化的特征，使得经办机构业务量呈几何式增长，但是地方社会保险经办机构（特别是乡镇基层经办机构）的人员编制和经费并没有相应增长，各地区的社保经办机构无法满足业务增长的需求，普遍存在经办机构超负荷工作的情况，在一定程度上影响了各项工作的开展。根据统计，2010 年我国常住人口每万人拥有的人力社保服务机构仅为 1.7

① 参见郑功成：《30 年内养老金不会收不抵支》，载《经济参考报》，2011－03－09。

个，每万人拥有的人力社保工作人员数量为5.9人，远远低于国际标准水平（见图5—2）。杨燕绥①（2010）认为，我国社保经办机构人员少，任务重，处于“小马拉大车”的困境。在部分人口密集的省级经办机构，人次比高达1∶20 000以上，远远超过了1∶5 000的国标标准。

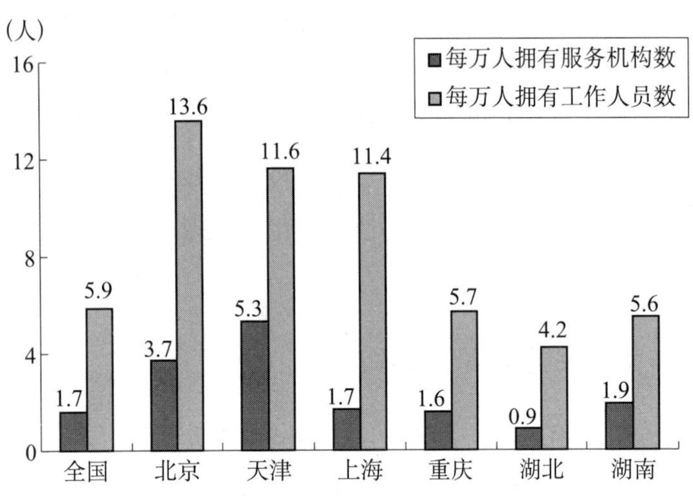

图5—2　2010年人力社保服务机构总体情况对比

（二）信息化建设滞后

目前，社会保险信息化建设存在的主要问题包括：一是我国社保信息化建设起步较晚。在“金保工程”开展之前，很多业务流程以手工方式操作，业务档案都是纸质文档。随着信息化建设的推进，要将大量历史数据录入到计算机系统中，需要耗费大量的人力与财力。二是原有信息系统无法满足业务需求。制度建设的完善与业务规模的扩张对信息化建设提出了更高的要求，整体规划缺乏前瞻性，标准各异，已开发的信息系统只能满足单一险种的基本业务处理，其兼容性和拓展空间十分有限。信息系统仅支持业务经办，公共服务子系统欠缺，功能不完善。如网上业务申报、银

① 参见杨燕绥：《社会保险经办机构能力建设研究》，北京，中国劳动社会保障出版社，2010。

行缴费、信息查询、社会保障卡服务平台建设等滞后，前期“金保工程”的建设已经无法适应当前不断提升的经办要求。三是各地普遍存在重复建设的现象。各地社保信息系统建设普遍存在业务运行系统各自开发建设、信息不能共享、不能便捷地提供一站式服务等问题。各险种信息系统重复建设现象严重，信息化资源分散、浪费，难以有效实现共享。四是街镇和村社的信息化建设严重滞后。多数地区的社保业务专网还未延伸到街镇和村社，相关业务在村社无法开展，需要村社干部和经办人员收集大量的纸质信息，到县（区）级社会保险经办机构办理业务，不仅工作量加大，而且参保人员等候时间过长，影响了服务质量。在养老保险基金领取方面，更是需要参保人自行到经办机构办理相关业务，提高了参保人的参保成本，降低了参保人参保的积极性。

（三）业务流程不规范

大部分地区社会保险经办机构业务流程设计不科学，仍然是按险种分别设置，需要为五个险种建立独立的经办机构（或窗口）、独立的申报管理流程、独立的信息管理系统、独立的档案资料。这一方面导致各险种相互分割、信息处理分散、信息不能共享，社会保险经办业务没有形成有机统一的整体；另一方面造成经办人员重复操作，各险种都有独立的登记、征集、缴费、数据录入等环节，降低了工作人员的工作效率。虽然部分地区在试点推进“五险合一”工作，但由于机构设置、人员分工、业务管理信息等方面改革阻力较大，导致许多地区改革效果不理想。现行繁杂的制度体系也制约了“五险合一”的推进，每一类险种都有众多的参保项目，同时又规定了不同的参保方式，增大了“五险合一”的管理难度。以养老保险为例，在参保项目上包括职工基本养老保险、新农保、城镇居民养老保险、老农保以及各地自行试点的一些养老保险项目（如农民工养老保险、被征地农转非人员养老保险、国企下岗职工超龄人员养老保险等）；在管理权限上，职工基本养老保险向县（市）级的社会保险经办机构申请办理，新农保和老农保事务在村镇受理，市（县）区经办机构复核；不同的险种有不同的业务流程，增加了各险种整合的难度。

（四）管理体制不顺畅

一是各地经办机构的名称、职能和行政级别不统一。根据笔者2012年对重庆市各级社保经办机构的调研，目前承担社会保险职能的主要部门有社会保险局、就业局、医疗保险中心、工伤中心等；不同地区的经办机构职能也各不相同，一般养老保险由社会保险局承办，失业保险由就业局承办，而医疗保险和工伤保险由各地区建立专门的医保中心和工伤中心来承办，有的地方则由社会保险局负责承办。至于生育保险，有的地区由社会保险局承办，有的地区由医疗保险中心承办。在行政级别方面，有的地区医保中心及工伤中心与社会保险局平级，属于财政一级预算单位；而有的地方又是归社会保险局管辖。总体而言，不同地区经办机构的名称、职能范围、行政级别各不相同。

二是行政运作经费保障不力。目前社保经办机构属于平行管理，上级社保部门提供业务指导，经办机构的运行经费主要来源于本级财政预算。一方面，在这种管理体制下，社保经办机构的场地、设施、人员编制等都受到地方政府的制约，由于财力及重视程度的差异，很难保证各地经办机构硬件设施、软件系统与人员等方面的改革能够同步推进。另一方面，上级社保机构提供的一些配套经费往往容易被当地的财政部门截留，影响社保经办业务的展开以及经办工作的效率。

三是乡镇（农村）基层公共服务平台建设水平有待提高。① 由于居民养老保险的参保人数多、人员流动性强、居民分散（特别是农村），以及受参保人员文化水平低、对政策不了解等因素的影响，目前城乡居民养老保险的经办平台建设标准、服务职能、服务能力还难以满足社保管理服务

① 参见何恒：《提高社会保险经办机构管理服务能力研究》，载《西部财会》，2012（8）。

向基层延伸的工作要求，成为制约城乡居民养老保险扩面的重要瓶颈。具体表现为：(1）经办机构不健全，受乡镇（街道）政府财力的制约，乡镇（街道）社保经办机构和人员配置达不到国家标准。(2）农村基层社保服务平台建设严重滞后，广大农民只能到镇里（甚至县城）办理相关业务，提高了参保成本。(3）已经建立的基础经办机构的服务场所和设施配备落后。由于办公经费紧张，基层经办机构在网络、电脑、打印复印、生存验证[①]设备等方面的基础设施投入严重不足。

① 生存验证指养老金领取人要证明自己依然存活才能领到养老金，以避免冒领死亡人员养老金行为。

第六章

养老保险参保人行为理论

养老保险覆盖率的微观基础在于制度覆盖人群的参保行为，所以，制度设计、环境因素、个人因素都最终归结为对参保人预期的影响，进而影响每个参保人的行动，而参保率则体现为众多个体参保人行动的结果。本章针对现行制度框架下的基本养老保险和居民养老保险的参保人行为进行了研究，进而分析了影响参保人行为的原因，并模拟了可能的制度变革对改变养老保险制度吸引力、提高参保积极性的影响。

一、基本养老保险参保人行为研究

（一）基本养老保险参保模型

假定代表性参保人的月工资水平用 W 表示，为了简化计算并假定未来工资水平不变，根据现行基本养老保险有关政策规定，对于以职工身份参保的在职人员，利用年金现值方法计算的参保人缴纳的保费现值总和为：

$$PI = 28\% \times W \times \frac{1-(1+\theta/12)^{-(R-A)\times 12}}{\theta/12} \qquad (6—1)$$

式中，假定参保人每个月月末缴纳保费，28%为单位与个人合计的缴费比率；PI 表示参保人各年所缴纳的养老保险金现值总和；W 为参保人的月收入水平；θ 为贴现率；R 为退休年龄；A 为参保年龄。

按照现行政策规定，保费按 8%的比例记入个人账户。假定个人账户的记账利率为 i，利用年金终值公式可计算出退休时养老金个人账户累积金额为：

$$CV_{R+1} = 8\% \times W \times \frac{(1+i/12)^{(R-A)\times 12}-1}{i/12} \qquad (6—2)$$

式中，CV_{R+1} 表示领取养老金第 1 年期初个人账户累计储存额。

根据《国务院关于完善企业职工基本养老保险制度的决定》（国发［2005］38 号）的规定，对于参保人退休后所领取的养老金待遇，计算公式为：

$$\text{月度养老金水平} = \left(\begin{matrix}\text{退休时上年度职}\\\text{工月平均工资}\end{matrix} + \begin{matrix}\text{指数化月平均}\\\text{缴费工资}\end{matrix}\right) \div 2 \times (\text{缴费年限} \times 1\%) + \begin{matrix}\text{个人账户}\\\text{累计储存额}\end{matrix} \div \text{计发月数}$$

$$\begin{matrix}\text{指数化月平}\\\text{均缴费工资}\end{matrix} = \left(\begin{matrix}\text{员工参加工作}\\\text{至退休时缴费}\\\text{年限的每月}\\\text{缴费指数之和}\end{matrix} \div \begin{matrix}\text{缴费年限}\\\text{的月数}\end{matrix}\right) \times \begin{matrix}\text{员工退休时}\\\text{上年度职工}\\\text{月平均工资}\end{matrix}$$

$$\text{员工每月缴费指数} = \frac{\text{员工每月缴费工资}}{\text{缴费时当年度本市在岗职工月平均工资}}$$

假定社会平均工资水平与参保人的工资一样保持不变，则月度养老金水平计算公式可简化为：

$$\text{月度养老金水平} = \frac{1}{2} \times (\overline{W} + W) \times (\text{缴费年限} \times 1\%) + \frac{\text{个人账户累计储存额 } CV}{\text{计发月数}} \qquad (6—3)$$

式中，$\overline{W}$ 表示社会平均工资水平。

由式（6—3）可得到参保人退休后 t 岁时的月度养老金水平：

$$Q_t = \frac{1}{2} \times (\overline{W}_0 + W_0) \times (R - A) \times 1\% + \frac{CV_t}{N} \qquad (6—4)$$

式中，Q_t 表示 t 岁月度养老金水平；N 表示退休年龄 R 所对应的个人账户养老金计发月数。

第 t 年年初个人账户累计储存额为：

$$CV_t = CV_{t-1} + I_{t-1}$$

式中，I_{t-1} 表示第 $t-1$ 年领保人员个人账户利息，可以采用“年度计算法”[①] 计算：

$$个人账户年利息\ I = \left(\begin{matrix}本年个人账户\\年初余额\end{matrix} - \begin{matrix}当年支付\\养老金总额\end{matrix}\right) \times \begin{matrix}本年记账\\利率\end{matrix} + \begin{matrix}当年支付\\养老金总额\end{matrix} \times \begin{matrix}本年记账\\利率\end{matrix} \times 1.083 \times 1/12$$

$$\begin{matrix}本年个人账户\\年初余额\end{matrix} = \begin{matrix}上年个人账户\\期初余额\end{matrix} - \begin{matrix}上年支付\\养老金总额\end{matrix} + \begin{matrix}上年个人\\账户利息\end{matrix}$$

通过迭代方法可计算退休后各年个人账户利息 I_t 以及各年个人账户累计储存额 CV_t，并据以计算参保人未来所获得的养老金现值[②]：

$$PO = \sum_{t=R+1}^{Z-R} \frac{Q_t \times \dfrac{(1+\theta/12)^{12} - 1}{\theta/12}}{(1+\theta)^{t-A}} + \frac{CV_t}{(1+\theta)^{Z-A}} \qquad (6—5)$$

式中，Z 表示预期寿命；PO 表示养老保险待遇在参保年龄 A 时的价值。

最后，参保人通过比较式（6—1）的缴费现值 PI 与式（6—5）的收益现值 PO 决定是否参保：

① 该方法假定在支付年度内各月养老金等额支付。

② 由于各地区的政策差异，本书没有考虑退休人员死亡的丧葬费及死亡后一次性退休金，只考虑了死亡后结余养老金的一次性退回。

$$行为 = \begin{cases} 参保,如果\ PO > PI \\ 不参保,如果\ PO \leqslant PI \end{cases} \tag{6—6}$$

(二) 代表性职工行为模拟

1. 实例分析

假设有一个在职员工，参加工作年龄 $A = 20$ 岁[①]，其收入水平等于 2009 年全国城镇职工社会平均工资水平 $W = \overline{W} = 2\ 687$ 元 / 月，预期退休年龄 R 按目前男女平均法定退休年龄 57 岁计算。将以上参数代入式（6—1）中，可得到参保人所缴纳的养老保险费的现值为：

$$PI = 28\% \times W \times \frac{1-(1+\theta/12)^{-(57-20)\times 12}}{\theta/12} \tag{6—7}$$

考虑到目前我国各省基本养老保险个人账户的记账利率在 2%～4%，所以记账利率 i 取 3%的中间水平；由式（6—2）可计算出从 58 岁开始领取第 1 年养老金时个人账户累计储存额为：

$$CV_{58} = 8\% \times W \times \frac{1.002\ 5^{(57-20)\times 12}-1}{0.002\ 5} = 64.965\ 1 \times W \tag{6—8}$$

根据国家统计局胡英（2010）[②] 的计算，2009 年我国城镇人口预期寿命为 77.33 岁，所以 Z 取 77 岁；根据现行政策，57 岁退休的职工，养老金个人账户计发月数 $N = 158$；将以上参数代入式（6—4）和式（6—5）中，通过迭代方法可计算出养老保险待遇的现值 PO。

图 6—1 画出了参保人不同贴现率状态下基本养老保险缴费金额现值 PI 与待遇现值 PO 的变化趋势。从图中可以看出，随着参保人贴现率的提高，缴费的现值与待遇的现值呈递减趋势，在 $\theta = 1.73\%$ 处缴费现值与待遇现值相等。如果把参保行为当做一项投资，则贴现率可以理解为投资年度收

① 根据《中国发展报告 2009》的数据，中国 20～25 岁独生子女的平均受教育年限是 12.1 年，而平均入学年龄为 7 岁，相当于平均参加工作时间 19.1 岁。考虑到年轻人从学校毕业后有一段待业时间，所以这里假定参保人平均 20 岁参加工作。

② 参见胡英：《中国分城镇乡村人口平均预期寿命探析》，载《人口与发展》，2010（2）。

益率，即在当前制度设计下，参加基本养老保险的收益率仅为 1.73% 。若参保人要求的收益率（即贴现率）$\theta < 1.73\%$ ，参保人就会选择参加基本养老保险；如果参保人要求的收益率 $\theta > 1.73\%$ ，参保人就会放弃参保。

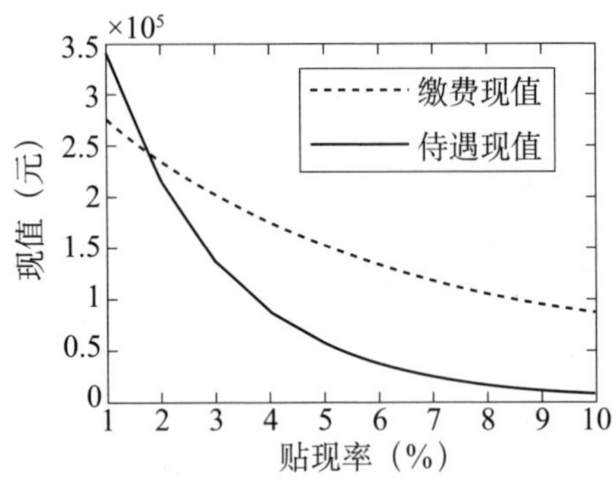

图 6—1　不同贴现率水平下基本养老保险缴费与待遇现值

2. 收入水平与参保意愿

图 6—2 画出了在其他条件不变时，随着参保人收入水平 W 的变化，其参加养老保险缴费金额现值 PI 与待遇现值 PO 相等时的均衡贴现率水平（即参加基本养老保险的收益率水平）。从图中可以看出，随着参保人收入水平的提高，参加职工基本养老保险的收益率不断下降。计算结果显示，1 000元/月的收入水平的参保收益率为 2.86%，5 000 元/月的收入水平的参保收益率为 1.34%，10 000 元/月的收入水平的参保收益率下降到 1.08%。

3. 年龄与参保意愿

假定参保人的收入水平等于社会平均工资水平，其他条件与实例中一样。图 6—3 画出了随着参保人参保年龄的变化，其参加职工基本养老保险的收益率水平。从图中可以看出，随着参保人参保年龄的增大，参加职工基本养老保险的收益率逐渐提高。计算结果显示，16 岁参保的收益率为 1.73%，30 岁参保的收益率为 1.75%，40 岁参保的收益率为 1.82%，而 45 岁参保的收益率为 1.89%。但总体而言，参保年龄变化对收益率的影响并不十分明显。

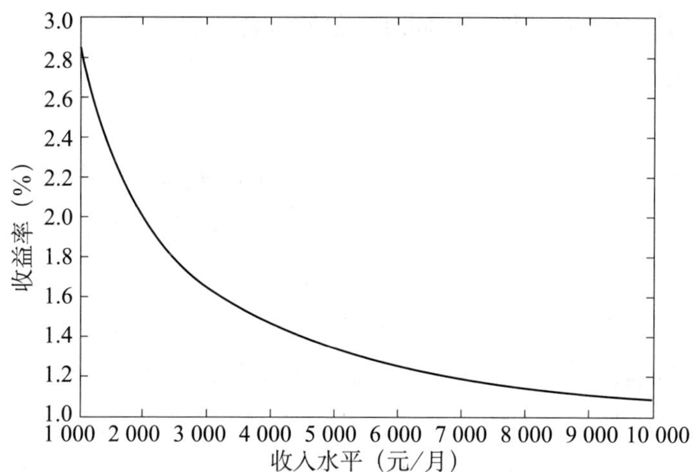

图 6—2　不同收入水平职工参加基本养老保险的收益率

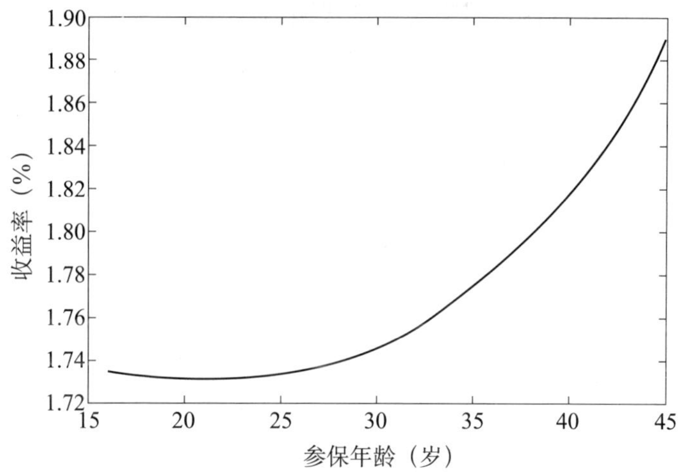

图 6—3　不同年龄段参加基本养老保险的收益率

（三）政策变化对参保行为的影响

本小节基于上文中构建的基本养老保险参保模型，针对可能的政策工具对制度吸引力的影响进行模拟。具体的政策手段包括：调低缴费比率、延长退休年龄、提高个人账户记存比率以及提高个人账户的记账利率四个方面。下文的模拟是以前文的实例为基础，针对某一个政策变化的效应展开分析，而没有涉及各种政策同时变化的组合效应。

1. 政策一：降低基本养老保险费率水平

假定参保人的其他情况与前文实例一样，20 岁参保、57 岁退休、收入等于社会平均工资水平 2 687 元/月，政策试图通过费率水平的调整来提高参保人的参保意愿。图 6—4 模拟了养老保险费率水平从 10%逐步提升到 28%的过程中参加基本养老保险收益率的变化。从图中可以看出，随着养老保险费率水平的提高，参保的收益率逐步下降。当费率水平为 10%时，参保收益率为 5.19%；当费率水平提高到 20%时，参保收益率为 3.42%；当费率水平提高到 28%时，参保收益率为 1.73%。如果以央行 2011 年 4 月 6 日最新调整的五年期以上零存整取基准利率 3.25%作为参保人的贴现率，则目前养老保险费率水平偏高，合理的水平应该是 20%左右，才能保证制度具有足够的吸引力。

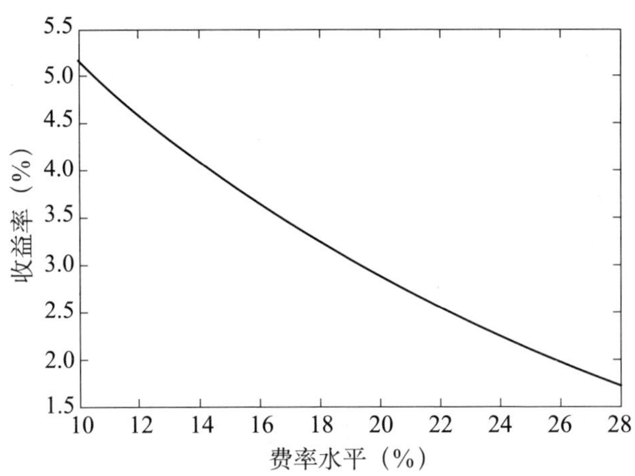

图 6—4　缴费率对参加基本养老保险收益率的影响

2. 政策二：延长退休年龄

假定其他情况与前文实例一样，费率水平还是 28%，但改变退休年龄。[①]

① 随着退休年龄的变化，对应的计发月数按照《国务院关于完善企业职工基本养老保险制度的决定》（国发［2005］38 号）的政策进行调整。

图 6—5 模拟了退休年龄从 40 岁逐步提高到 70 岁的过程中参加基本养老保险收益率的变化。从图中可以看出，随着参保人退休年龄的提高，参保的收益率逐渐下降。在 40 岁退休时，参保收益率为 3.11%；当退休年龄为 50 岁时，参保收益率为 2.30%；当退休年龄为 60 岁时，参保收益率为 1.48%；当退休年龄达到 70 岁时，参保收益率只有 0.84%。以上结果表明，在目前养老保险制度下，参保人越晚退休越不利，这也印证了许多参保人选择提前退休的现实。

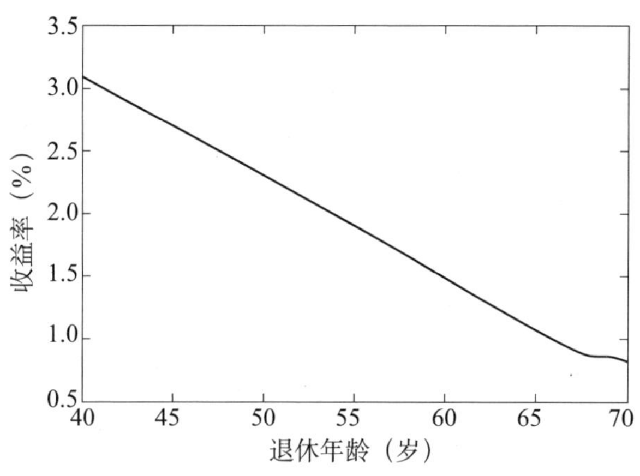

图 6—5　延长退休年龄的政策效果模拟

3. 政策三：提高记入个人账户的比例

目前我国养老保险缴费记入个人账户的比例为 8%，20%记入统筹账户。图 6—6 模拟了其他条件不变时，个人账户记账比例由 8%提高到 15%的过程中对制度吸引力的影响。从图中可以看出，随着个人账户记账比例的提高，参保的收益率逐渐上升。当记入个人账户的比例提高到 10%时，参保收益率为 2.17%；当提高到 15%时，参保收益率达到 3.06%。

4. 政策四：调整个人账户记账利率

假设政策试图通过改变个人账户的记账利率来提高制度的吸引力。图

6—7 描述了个人账户记账利率由 1%提高到 5%的过程中制度吸引力的变化。从图中可以看出，随着记账利率的提高，参保的收益率也逐步提高。当记账利率为 1%时，参保收益率为 0.89%；当记账利率提高到 4%时，参保收益率达到 2.25%。但是，收益率提高的幅度要小于记账利率的变化。

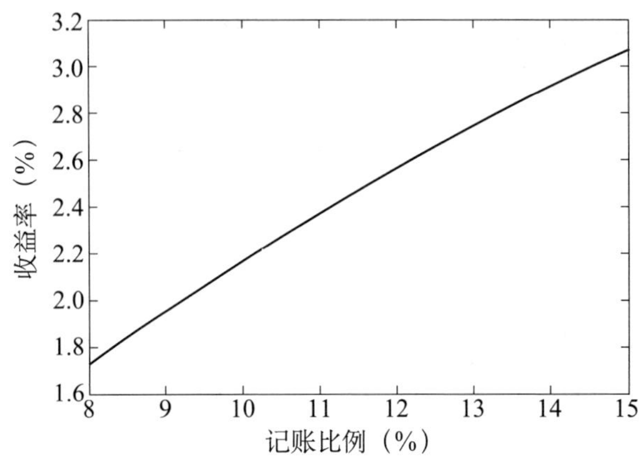

图 6—6　提高个人账户记账比例的政策效果模拟

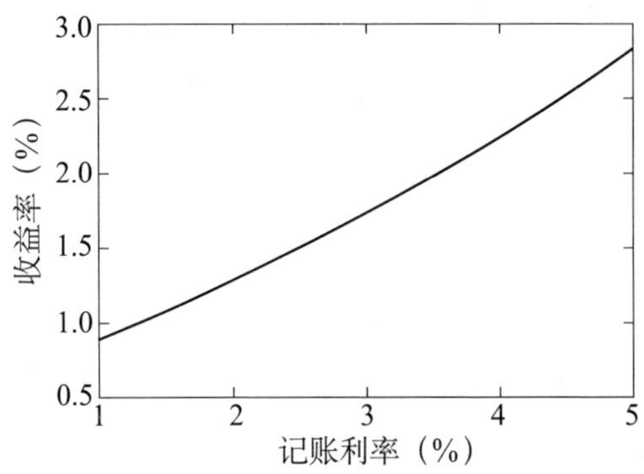

图 6—7　提高个人账户记账利率的政策效果模拟

（四）小结

本节根据我国最新的基本养老保险政策，基于养老保险精算方法构建了参保人选择行为模型。研究结果显示，对于一个 20 岁参保、57 岁退体、收入水平等于社会平均工资水平的代表性参保人，其参加基本养老保险的年收益率只有 1.73%，这说明目前的制度吸引力还不够，不利于提高职工参保意愿。对具有不同个体特征的参保人进行的研究表明，参保收益率随着收入水平提高而下降，随着参保年龄增大而提高；也就是说，目前政策设计对于低收入的高龄参保人员相对更有吸引力。同时，本节还分别模拟了费率水平、退休年龄、记入个人账户比例和记账利率政策的调整对养老保险制度吸引力的影响。政策模拟结果表明，在这几项政策措施中，降低费率水平对于提高制度吸引力效果最明显；而延长退休年龄则会进一步降低基本养老保险制度的吸引力。

本节研究的政策启示是，目前职工基本养老保险制度吸引力不够，如果采用完全自愿参保方式，未来基本养老保险的扩面存在较大障碍。研究结果还验证了目前个体工商户、灵活从业人员等自愿参保群体 20%的费率水平设计较为合理，该类人群参保的期望收益率略高于银行零存整取的收益率，从而保证了该类人群参保的积极性。另外，政策模拟结果还表明，关于提高基本养老保险制度吸引力的政策工具方面，降低缴费率是一个最为有效的手段；针对当前所争论的是否延长退休年龄问题，我们认为如果为了缓解老龄化危机而必须延长退休年龄，则需要同时改变现行养老保险计发月数，否则本来已经缺乏吸引力的基本养老保险制度将更加难以推广。

二、居民养老保险参保人行为理论

2009 年国务院开始启动农村居民养老保险试点工作，当年在全国 10%的县市开展试点，力争 2020 年实现农村养老保险全覆盖。各试点地区的统一改革模式为：建立统账结合的、社会化发放的养老保险体制，但在具体的操作办法上存在较大的差异。本节以重庆市城乡居民养老保险试点政策为研究对象，对该制度框架下的居民养老保险参保行为展开了分析。

（一）居民养老保险参保模型

2009年9月，国务院发布了《国务院关于开展新型农村社会养老保险试点的指导意见》，决定开展新型农村社会养老保险（以下简称新农保）试点。2009年试点覆盖面为全国10％的县（市、区、旗），以后逐步扩大试点范围，2020年之前基本实现对农村适龄居民的全覆盖。对于新农保政策，国务院只出台了基本指导原则，各地区结合实际情况，自行制定试点具体实施办法。这里以重庆城乡居民养老保险①的实施办法为例，对新农保政策制度的吸引力展开研究。2009年重庆市出台了《重庆市城乡居民社会养老保险试点工作指导意见》，试点办法规定的参保人群分为三类：第一类是16～45岁人群，这类人群可以缴满15年后正常领取养老金；第二类是45～60岁人群，这类人群60岁退休时，由于达不到缴满15年领取养老金的要求，只能选择退保或者一次性补缴；第三类人群是制度设计时已经超过60岁的人群，这类人群可以选择一次性缴费。考虑到养老保险制度设计是着眼于未来，所以这里只针对第一类参保人群展开研究，该类人群参加城乡居民养老保险的相关规定如下：

（1）参保对象：具有重庆市户籍且年满16周岁及以上的农村居民、年满16周岁及以上的城镇灵活就业人员以及年满60周岁及以上的城镇没有享受基本养老保险待遇的人员。这里重点分析45岁以下、能够正常缴满15年达到按月领取养老金条件的参保人。

（2）个人缴费标准：在100元、200元、400元、600元、900元五个年缴费档次中自愿选择标准，参保人员的缴费标准按年申报，并在每年12月28日前足额缴纳。

---

① 重庆市在实施过程中，把城镇居民也纳入了参保范围，统称为居民养老保险，本章中新农保与居民养老保险不作具体区分。

(3) 集体与财政补贴：村集体的缴费补助可记入个人账户；政府每人每年给予30元缴费补贴；政府补贴额记入参保人员个人账户，记入时间为参保人员个人缴纳的基本养老保险费到账之月。

(4) 给付条件：年满60周岁时缴费年限达到15年及以上的，从年满60周岁的次月起，按月发给基本养老金。

(5) 基本养老金支付：月基本养老金＝基础养老金（80元/月）＋个人账户养老金。

(6) 个人账户养老金：参保人员达到按月领取基本养老金条件时，其个人账户养老金按个人账户累计储存额（含利息）除以计发月数确定。

参保人员个人账户利息计算公式如下：

$$\text{参保人员个人账户利息}=\text{个人账户年初储存额}\times\text{本年度记账利率}+\text{本年度记入金额}\times\text{本年度记账利率}\times 1/12\times(12-n+1)$$

式中，n 为本年度资金到账月份，且 $1\leqslant n\leqslant 12$。

$$\text{领保人员个人账户利息}=\text{个人账户年初余额}\times\text{本年度记账利率}-\text{本年度支付月积数}\times\text{本年度记账利率}\times 1/12$$

式中，

$$\text{本年度支付月积数}=\sum\left[m\text{ 月份支付额}\times(12-m+1)\right]$$

式中，m 为本年度各支付月份，且 $1\leqslant m\leqslant 12$。

领保人员死亡后，其个人账户有余额的，将个人账户中个人缴费及集体补助的余额按规定进行一次性退还处理。计算公式为：

$$\text{退还金额}=\text{个人账户余额}\times\left(\text{首次领取待遇时个人缴费本息}+\text{首次领取待遇时集体补助本息}\right)\div\text{首次领取待遇时个人账户累计储存额}$$

（7）死亡补助金：领保人员死亡后，从死亡的次月起停发基本养老金，其亲属或利益相关人应在 30 日内将有效死亡证明提交给参保地社会保障服务所，并按规定领取一次性死亡补助金。标准为死亡时本人上月养老待遇乘以 12 个月。

假定村集体补助为 0 元，参保人在每年年末一次性缴纳当年养老保险费用。根据重庆市城乡居民社会养老保险试点的相关政策，采用年金现值计算公式，参保人缴纳的养老保险费用现值总和为：

$$PI = W \times \frac{1-(1+\theta)^{-(60-A)}}{\theta} \tag{6—9}$$

式中，PI 表示参保人各年所缴纳的养老保险金现值总和；W 为参保人选择的缴费档次；θ 为贴现率；退休年龄为 60 岁；A 为参保年龄。

假定个人账户的记账利率为 i，政府每人每年给予 30 元缴费补贴并记入个人账户，利用年金终值公式可计算出 60 岁退休时养老金个人账户累计金额为：

$$FV_{60} = (W+30) \times \frac{(1+i)^{(60-A)}-1}{i} \tag{6—10}$$

式中，FV 表示退休时个人账户累计余额。

根据居民养老保险待遇计算方法，基本养老金包括基础养老金和个人账户养老金两部分。基础养老金每人 80 元/月，个人账户养老金按个人账户累计储存额（加上利息）除以计发月数确定。具体计算方法为：

$$Q_t = \frac{FV_{t-1} + I_t}{139} \tag{6—11}$$

式中，Q_t 表示第 t 年参保人每个月个人账户养老金；FV_{t-1} 表示上期末个人账户累计储存额（含利息）；I_t 表示第 t 年利息，采用领保人员个人账户利息的方法进行迭代计算，139 是 60 岁退休时养老金的计发月数。

采用年金现值公式，可计算出参保人未来所获得的养老金现值为：

$$PO=\sum_{t=61}^{Z}\frac{12\times(80+Q_t)\times\frac{(1+\theta/12)^{12}-1}{\theta/12}}{(1+\theta)^{t-A}}+\frac{12\times Q_{Z-A}}{(1+\theta)^{Z-A}} \tag{6—12}$$

式中，PO 表示各期养老金在参加保险时的现值；Z 表示预期寿命；t 表示参保人年龄；$\frac{12\times Q_{Z-A}}{(1+Q)^{Z-A}}$表示参保人死亡补助金的现值。

参保人通过比较式（6—9）的缴费现值与式（6—12）的收益现值决定是否参保：

$$行为=\begin{cases}参保,如果\ PO>PI\\ 不参保,如果\ PO\leqslant PI\end{cases} \tag{6—13}$$

(二) 代表性居民行为模拟

1. 一个实例分析

假设参保人年龄 A 为 20 岁，选择缴费标准为 100 元/年的档次，得到参保人缴纳的养老保险费的现值为：

$$PI=100\times\frac{1-(1+\theta)^{-(60-20)}}{\theta} \tag{6—14}$$

根据 2011 年重庆市居民养老保险个人账户记账利率 $i=2.75\%$ ①，由式（6—10）可计算出退休时养老金个人账户累计金额为：

$$FV_{60}=130\times\frac{(1+2.75\%)^{(60-20)}-1}{2.75\%}=9\ 264.86 \tag{6—15}$$

将 FV_{60} 和记账利率 $i=2.75\%$ 代入式（6—11），通过迭代方式可计算出退休后各年每个月的个人账户养老金 Q_t；再将 Q_t 和预期寿命 $Z=73$ ②代入式（6—12），可计算出养老保险待遇的现值 PO。

① 2011 年度重庆市居民养老保险个人账户年记账利率为 2.75%，月记账利率为 2.292‰，2010 年度年记账利率为 2.25%。

② 根据国家统计局胡英（2010）的计算，2009 年我国农村居民预期寿命为 72.29 岁，城镇居民预期寿命为 77.33 岁，考虑到只有较少部分城镇居民参保，所以参保人员预期寿命取 73 岁。

图 6—8 画出了参保人不同贴现率状态下养老保险缴费金额现值 PI 与养老保险待遇现值 PO 的变化趋势。从图中可以看出，随着参保人贴现率的提高，缴费现值与待遇现值呈递减趋势，在 $\theta=6.44\%$ 处缴费现值与待遇现值相等。如果把参保当做一项投资行为，则贴现率可以理解为投资的年度收益率。也就是说，在当前制度框架下，20 岁参保并选择 100 元/年缴费档次的收益率为 6.44%。若参保人要求的收益率（即贴现率）$\theta<6.44\%$，参保人就会选择参加居民养老保险；如果参保人要求的收益率 $\theta>6.44\%$，参保人就会放弃参保。

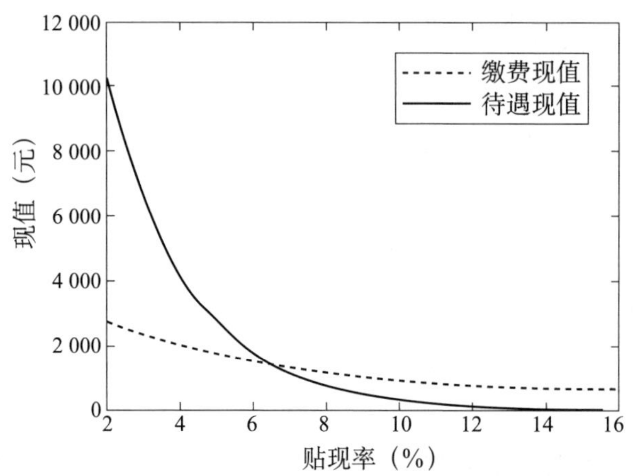

图 6—8　参保人不同贴现率条件下的缴费现值与待遇现值比较

2. 不同缴费标准的参保人行为分析

假定其他情况不变，参保人选择了不同的缴费档次。表 6—1 列出了参保人缴费档次从 100 元/年到 1 000 元/年的变化过程中，对应的居民养老保险缴费金额现值 PI 与养老保险待遇现值 PO 相等时的均衡贴现率水平，即参加居民养老保险的收益率水平。从表中可以看出，随着所选的缴费档次的提高，参加居民养老保险的收益率不断下降。计算结果显示，100 元/年档次的参保收益率为 6.44%，500 元/年档次的参保收益率为 4.15%，1 000 元/年档次的参保收益率下降到 3.70%。

表 6—1　参保人选择不同缴费标准的参保收益率

序号	缴费档次（元）	收益率（%）	序号	缴费档次（元）	收益率（%）
1	100	6.44	6	600	4.01
2	200	5.22	7	700	3.90
3	300	4.67	8	800	3.82
4	400	4.36	9	900	3.76
5	500	4.15	10	1 000	3.70

3. 不同参保年龄的参保人行为

假定参保人选择了 100 元/年的缴费标准，图 6—9 画出了参保人参保年龄从 16 岁到 45 岁的变化过程中，对应的居民养老保险缴费金额现值 PI 与养老保险待遇现值 PO 相等时的均衡贴现率（即参保收益率）水平。从图中可以看出，随着参保年龄的提高，参加居民养老保险的收益率也越高，也就是说，目前的居民养老保险制度对于大龄参保人员更加具有吸引力。计算结果显示，16 岁参保的收益率为 5.89%，30 岁参保的收益率为 8.62%；40 岁参保的收益率达到 13.40%；而 45 岁参保的收益率高达 18.50%。

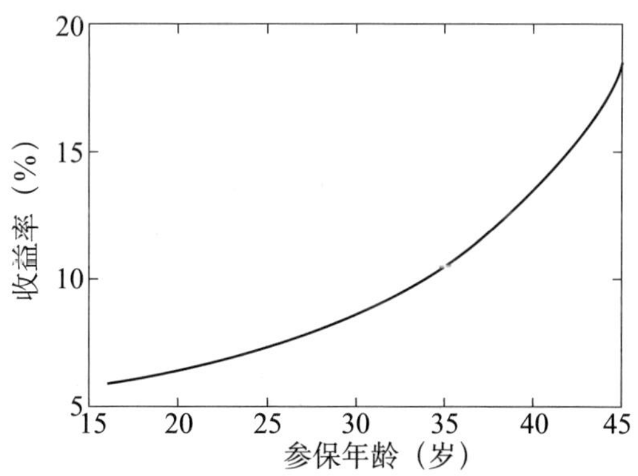

图 6—9　不同年龄段参加居民养老保险的收益率

(三) 政策变化对参保行为的影响

本小节将基于上文中构建的居民养老保险参保模型，针对相关记账利率、财政补贴等政策调整对城乡居民养老保险制度吸引力的影响进行模拟。

1. 提高个人账户记账利率

假定参保人自身情况不变，还是20岁参保，并选择100元/年的缴费标准。图6—10模拟了记账利率从1%提高到10%的过程中参加居民养老保险收益率的变化。从图中可以看出，随着记账利率的提高，参保的收益率水平逐步上升。当记账利率为1%时，参保收益率为5.83%；当记账利率提高到5%时，参保收益率为7.56%；当记账利率提高到10%时，参保收益率为11.22%。虽然记账利率调整对改变政策吸引力有一定影响，但总体上比较有限，因为从实际操作层面看，一般记账利率不会超过金融机构存款利率。

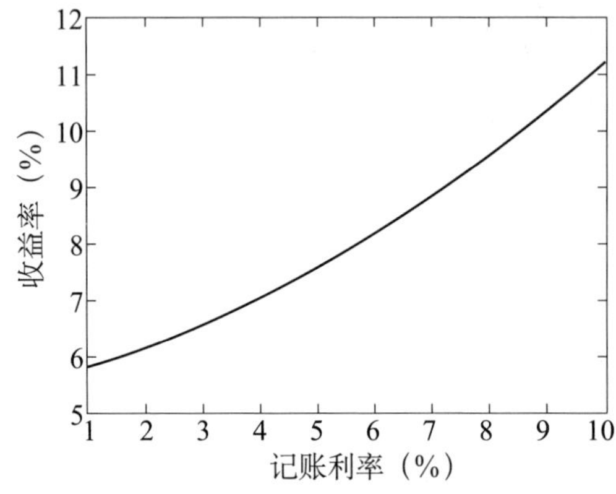

图6—10 不同记账利率水平下参加居民养老保险的收益率

2. 加大财政补贴力度

假定年度记账利率还是2.75%，参保人还是选择100元/年的缴费标准。图6—11画出了政府财政补贴力度从0元逐渐提高到100元的过程中，参加居民养老保险的收益率水平。从图中可以看出，随着财政补贴力度的加大，收益率水平也在提高，但增长缓慢。当没有财政补贴时，参保的收益率为6.07%；当财政补贴为50元/人时，收益率为6.67%；当财政补贴为100元/人时，参保收益率提高到7.17%。总体而言，财政补贴效果不是很大。

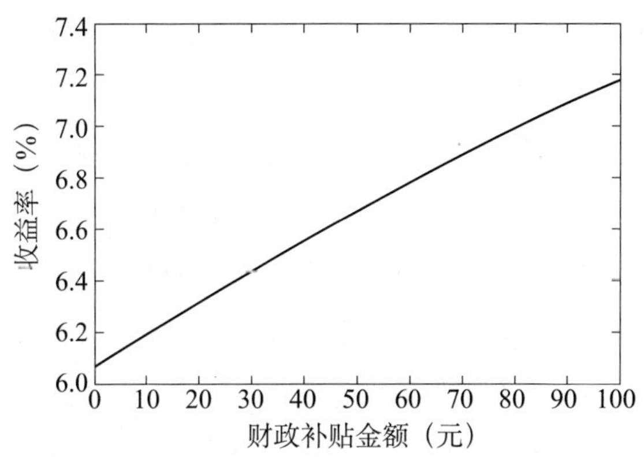

图 6—11　不同财政补贴规模下参加居民养老保险的收益率

3. 提高基础养老金

假定年度记账利率还是 2.75%，参保人还是选择 100 元/年的缴费标准，政府补贴水平仍然保持 30 元/年的标准，但对政府每个月基础养老金的水平进行调整。图 6—12 模拟了基础养老金水平从 0 元提高到 200 元的过程中，参加居民养老保险的收益率。从图中可以看出，随着基础养老金水平的提高，收益率水平逐渐增加。当基础养老金为 0 元/月时，收益率为 4.05%；当基础养老金水平达到 200 元/月时，收益率达到 8.27%。

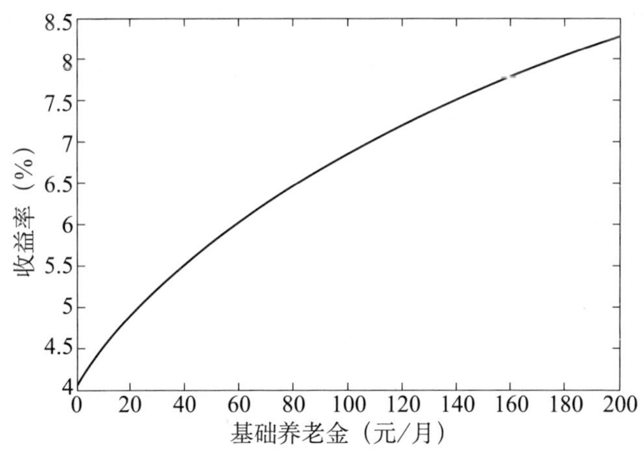

图 6—12　不同基础养老金水平下参加居民养老保险的收益率

（四）小结

本章基于《重庆市城乡居民社会养老保险试点工作指导意见》，对城乡居民养老保险中参保人的行为模式进行了分析。基于财务精算模型的研究结果显示，对于一个20岁参加100元/年缴费档次的参保人而言，参保的年收益率为6.44%，并且参保人选择越高的缴费档次，收益率越低；而年龄越大的参保人，参保的收益率越高。当前政策对于大龄参保人员有很大的吸引力（45岁参保人员收益率高达18.5%）。同时，本章还分别模拟了记账利率、财政补贴、基础养老金等制度变化对居民养老保险制度吸引力的影响。政策模拟结果表明，这几项政策措施在改变居民养老保险制度的吸引力上作用比较有限。

本章研究的政策启示是，首先，目前城乡居民养老保险设计存在较大的制度不公平，现有制度对于大龄参保人员十分有吸引力，但年轻人参保的收益率低，将导致年轻人参保率低而大龄人员参保率较高，不利于养老保险基金的积累以及化解未来老龄化的养老问题。其次，政策模拟结果表明，现行居民养老保险制度设计缺乏弹性，参保收益率对相关政策参数不敏感，可选择的一些政策工具无法对制度吸引力产生显著的影响。因此，居民养老保险体系需要重构，特别是在缴费方式与基础养老金的设计上，需要借鉴职工基本养老保险的设计方案，这也将有利于促进基本职工养老保险与居民养老保险的转移接续。

第七章

养老保险扩面的经验研究

在前面对参保人行动的理论及决策机制进行分析的基础上，下面将基于城镇居民入户调查数据和社会经济宏观统计数据，用计量经济学方法对参保人参保行为的影响因素以及中国养老保险扩面难的原因进行实证研究，为前文的参保人行为理论提供经验证据。

一、城镇居民养老保险参保的经验研究

（一）影响城镇居民参保的微观因素

1. 影响城镇居民个人参保的因素

从微观的参保人行为角度分析，在制度环境既定的条件下，影响个体参保积极性的因素主要包括参保人个体特征因素和参保法人的因素两个方面。

（1）个体特征因素。

个人家庭因素对养老保险参保行为的影响主要表现在：

①年龄：在同样的养老保险制度设计框架下，可能对不同年龄的参保

人制度的吸引力是不一样的。如第六章所论证的，在我国无论是职工基本养老保险还是新型农村居民养老保险（城乡居民养老保险），现行的制度安排对于高龄参保人更加合算，而对于低龄参保人制度吸引力相对较低。这导致了目前我国高龄人群参保的积极性要远远大于低龄人群，尤其体现在新型农村居民养老保险（城乡居民养老保险）这样的非强制性的养老金项目中。

②性别因素：性别对参保行为的影响主要体现为不同性别的参保人退休年龄的差别对其参保行为的影响，另外，男女预期寿命、对风险的偏好等因素也在一定程度上影响其参保行为。

③参保人的收入水平：正如第六章所论证的，由于养老金制度往往具有一定的收入再分配功能，这使得高收入阶层拥有更低的参保积极性。另外，从资金时间价值来看，最低收入阶层往往拥有很高的资金时间成本，所以最低收入阶层参保的积极性往往也不高。

④参保人的家庭结构：大量的研究表明（Scott Yabiku，2000），家庭中小孩数量、婚姻状况、家庭资产状况等因素都是影响居民参保积极性的重要原因。

（2）参保法人的因素。

参保法人的因素主要包括参保法人的性质、公司规模、盈利状况、工会力量等。

①法人性质：不同性质的法人在聘用职工的形式上有较大差别，正式职工往往比非正式职工更容易获得保障。另外，私营企业比国有及股份制企业拥有更强的逃避缴费动机。在我国，大量的观察发现，国有企业和外资企业的雇员参保率要远远高于私营经济与个体户雇员。

②公司规模：一般认为，大公司的用工制度比小公司要规范，并且更加注重公司声誉，所以在政府强制养老金制度中，大公司比小公司拥有更高的参保积极性。

③公司盈利状况：由于公司是养老金缴费的主体（无论是单一支柱还

是多支柱养老金模式），所以公司的盈利能力直接决定了其参保能力。

④工会力量：工会有助于增加雇员的谈判能力，促进公司为雇员提供养老保险项目。

2. 数据来源及参数估计

下面以重庆市城镇居民入户调查数据为基础，对居民参加基本养老保险的影响因素进行实证研究，以考察居民参保行为的制约因素。

（1）数据来源及指标说明。

实证研究来源于重庆市人保局 2010 年联合组织的“城镇居民人力资源与社会保障基本情况调查”，调查范围涵盖了重庆所有城区，但不包括农村。总有效问卷数据是 2 160 户、6 550 个居民。

①因变量：居民是否参加了养老保险项目。

问卷设计中包括了国家机关事业单位离退休制度、城镇企业职工基本养老保险制度、城乡居民养老保险制度和没有参加养老保险项目四个选项。将因变量设置为虚拟变量，将参加了养老保险项目定义为 1，将没有参加任何养老保险项目定义为 0。

②自变量。

性别：在我国养老保险制度设计中，由于男女退休年龄不同，可能导致不同性别居民的参保意愿有所差别。根据入户调查数据，在 60 周岁以下的居民中，男性参保比例是 74.8%，而女性参保比例是 73.1%。

年龄：图 7—1 的统计数据显示，在 20～30 岁以下的人群中，只有 60.0%的人参加了基本养老保险；而在 50 岁以上的人群中，参保率达到 88.2%。

文化程度：调查结果显示，高学历的人群拥有更高的参保率，这与我们的预期一致。从图 7—2 可以看出，小学及以下学历居民的参保率达到 69.7%，初中学历人群的参保率达到 67.8%，大专学历人群的参保率达到 82.9%，本科学历人群的参保率达到 90.0%。

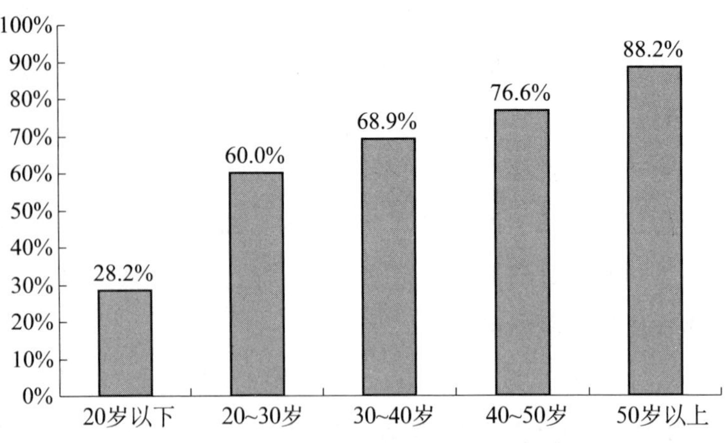

图 7—1 不同年龄组城镇居民参保率

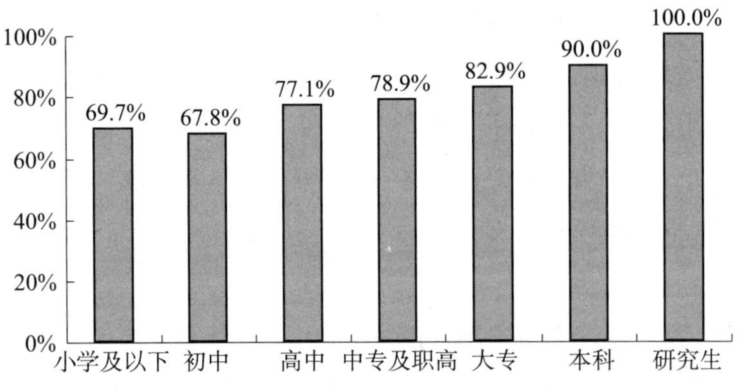

图 7—2 不同学历城镇居民参保率

制度了解程度：制度透明度也是影响居民参保意愿的重要因素。在本次调查中，以居民是否知道基本养老保险项目为评价依据。调查结果显示，不了解养老保险政策人群的参保比例为 47.0％，而了解养老保险政策人群的参保比例达到 75.3％。

就业形式：指被调查者在单位的用工形式，包括全日制雇员、非全日制雇员和劳务派遣工三类。许多单位往往为不同用工形式的员工提供不同的养老保险福利。

单位性质：被调查者的单位性质分为私营经济和非私营经济两大类。非私营经济包括国有企业（含国有控股）、集体企业、机关事业单位、企业化管理事业单位、其他事业单位、机关、社会团队；而私营经济包括股份有限公司（非国有控股）、有限责任公司（非国有控股）、联营企业、私营企业、个体户、民办非企业、港澳台资企业和外商投资企业以及其他单位。根据调查，私营经济从业者的参保率为76.8%，而非私营经济的参保率达到92.7%。

收入水平：指被调查者的月税后实际收入。前文的理论研究表明，在我国现有的制度框架下，高收入者拥有更低的参保意愿。

表7—1给出了实证研究所涉及的自变量的定义及说明。

表7—1　　变量的定义及说明

变量	变量符号	变量的定义及说明
参保与否	Y	没有参加基本养老保险 $Y=0$，否则 $Y=1$
性别	*gender*	男性=0；女性=1
年龄	*age*	根据出生日期与调查时间计算
文化程度	*edu*	小学及以下=1；初中=2；高中=3；中专、技校、职高=4；高级技校、技师学院=5；大专=6；本科=7；研究生=8
制度了解程度	*know*	不知道=0；知道=1
就业形式	job_1	全日制雇员=0；非全日制雇员=1；劳务派遣工=0
	job_2	全日制雇员=0；非全日制雇员=0；劳务派遣工=1
单位性质	*org*	私营经济=0；非私营经济=1
收入水平	*income*	调查日期的上个月税后收入水平

表7—2对因变量与自变量的数字特征进行了统计描述。

表7—2　　相关变量的统计描述

变量	全部样本	均值	标准差	最小值	最大值
Y	4 238	0.739 027 8	0.439 216 6	0.00	1.0
gender	6 550	0.510 992 4	0.499 917 3	0.00	1.0
age（岁）	6 550	40.951 950 0	20.169 160 0	0.08	94.5
edu	6 550	2.612 824 0	1.773 308 0	1.00	8.0
know	5 371	0.926 643 1	0.260 745 7	0.00	1.0
job_1	2 140	0.245 327 1	0.430 381 5	0.00	1.0
job_2	2 140	0.058 878 5	0.235 452 2	0.00	1.0

续前表

变量	全部样本	均值	标准差	最小值	最大值
org	2 139	0.302 477 8	0.459 438 4	0.00	1.0
income（元）	2 136	1 708.156 000 0	2 737.371 000 0	0.00	120 000.0

（2）参数估计。

由于自变量是离散二值选择变量，所以在回归分析中应该采用概率分布模型：

$$P(Y=1\mid x)=F(\beta_0+\beta_1 gender+\beta_2 age+\beta_3 edu+\beta_4 know+\beta_5 job_1 + \beta_6 job_2+\beta_7 org+\beta_8 income) \quad (7—1)$$

对于累积概率分布函数 F 一般有两种选择：

①正态的累积分布函数：

$$F(x)=\int_{-\infty}^{x}\frac{1}{\sqrt{2\pi}}\exp(-\frac{x^2}{2})\,\mathrm{d}t \quad (7—2)$$

②Logistic 累积分布函数：

$$F(x)=\frac{\exp(x)}{1+\exp(x)} \quad (7—3)$$

表 7—3 给出了线性概率模型（LPM）、Probit 模型和 Logit 模型三种分布参数估计结果。从方程 F 和 LR 的统计量来看，三个方程的估计总体效果都比较好。

表 7—3　　基本养老保险参保行为参数估计

自变量	方法 1：LPM	方法 2：Probit	方法 3：Logit
常数项	−0.110 212 7 (0.121 119 5)	−3.298 56 *** (0.530 961)	−5.842 684*** (−5.842 684)
gender	−0.009 519 (0.016 449 9)	−0.051 443 7 (0.072 437 9) [−0.011 250 1]	−0.091 213 6 (0.128 264 9) [−0.010 290 4]
age	0.009 027 7*** (0.000 848 4)	0.041 950 8*** (0.004 013 1) [0.009 142 1]	0.074 853 4*** (0.007 246 9) [0.008 408 8]

续前表

自变量	方法 1：LPM	方法 2：Probit	方法 3：Logit
edu	0.043 513 2*** (0.004 774 6)	0.213 651 5*** (0.023 343 4) [0.046 56]	0.390 222*** (0.043 256) [0.043 836 2]
know	0.168 281 7*** (0.048 134 4)	0.519 009 6*** (0.178 995 1) [0.143 281 7]	0.883 554 5*** (0.298 131 7) [0.132 79]
job_1	−0.099 599 4*** (0.019 627 7)	−0.340 458 8*** (0.078 629 2) [−0.081 296 1]	−0.589 662*** (0.135 938 5) [−0.074 090 1]
job_2	0.000 869 2 (0.034 172 2)	0.007 311 3 (0.1470 834) [0.001 587 7]	−0.038 791 2 (0.253 456 8) [−0.004 413 3]
org	0.126 836 3*** (0.017 368 8)	0.664 460 1*** (0.090 520 4) [0.125 717 2]	1.213 382*** (0.173 551) [0.116 714 9]
ln（*income*）	0.034 362 6** (0.014 660 1)	0.195 692*** (0.062 683 2) [0.042 646 2]	0.335 837 4*** (0.109 115) [0.037 726 8]
F/LR	45.88	349.48	349.00
样本量	2 100	2 100	2 100

注：表中方括号内数据是根据 Probit、Logit 估计系数计算的自变量对因变量的边际效应；在估计中解释变量收入采用了对数形式；*、** 和 *** 分别表示 0.1、0.05 和 0.01 的显著性水平。

3. 实证结果分析

根据表 7—3 的实证研究结果，可以得到如下结论：

（1）参保人性别与参保概率不显著相关，也就是说，参保人的性别不会影响参保人的行为。

（2）年龄与参保概率存在显著的正相关关系，参数估计结果表明，随着年龄的增加，参保人参保的积极性也有所提高。这一结论与第六章中的理论模型及数据模拟结果一致，表明在我国现行制度架构下，养老保险制度对年轻人的吸引力较低。

（3）受教育程度与参保概率之间存在较为显著的正相关关系，说明受教育程度较高的群体拥有较高的参保率。

（4）居民对制度是否了解也显著地影响参保率，对养老保险制度了解的居民比不了解的居民拥有更高的参保率。

（5）变量 job_1 系数显著为正，说明全日制雇员比非全日制雇员拥有更高的养老保险参保率。

（6）从 org 系数显著为正可以看出，公有制经济（非私营经济）比私营经济的职工拥有更高的参保率，这一结论与目前我们普遍观察到的私营企业参保意愿低一致。

（7）收入水平与参保率之间存在显著的正相关关系。这一结论与我们的理论分析结果相反，可能原因是低收入居民由于资金紧缺，需要在当前有更多的支出，导致资金时间价值较高，从而降低了低收入居民的参保积极性。

（二）影响养老保险覆盖率的宏观因素

因为职工基本养老保险具有强制性特征，所以其覆盖面的发展往往受宏观社会经济因素的影响更大，因此这里从宏观的视角进一步考察宏观的社会经济环境因素和制度因素对职工参加基本养老保险行为的影响。

1. 影响基本养老保险覆盖率的宏观因素

当前我国社会保障发展诸多方面受到了经济与社会发展的制约，比如收入差异、城乡差异、地区差异、行业差异过大，导致了过去社会保险制度只能按人群设计、碎片化严重、不具有可持续性。归根结底，这些问题都可以归因于社会经济的结构性失衡。笔者针对养老保险参保率的影响因素提出了如下假说：

（1）假说一：经济发展水平对养老保险发展的具体决定性作用。

经济发展水平的高低直接关系到社会保障基金的筹集能力和政府的支付能力。在较低的经济水平下，国民的社会保障需求受到抑制，国家也只能选择低水平的社会保障，从而使社会保障制度的结构表现为低层次性和残缺性。发达国家的经验表明，在经济发展水平较高的条件下，企业与职工的缴费能力以及政府的财政支持力度都会增强，社会保障的参保率将随之提高。

（2）假说二：收入差距对养老保险参保率具有重要影响。

根据第六章的分析，收入差距对养老保险参保率的影响主要表现为两个方面：一方面，由于社会保障具有的二次分配效应，对于高收入群体来讲，其所缴纳的社保费用与其所获得的支付将不完全成正比，并且对于高收入者，现有的养老保险待遇水平并不能满足其需求，所以高收入人群的参保积极性往往不高；另一方面，对于低收入群体，由于资金紧缺，往往资金的时间价值较高，而养老保险是在工作年龄缴费，退休后才能领取，所以对贴现率较高的低收入者吸引力不大。所以我们认为，一个社会中的收入差距越大，就会使高收入与低收入人群所占总人口比重较大，而中等收入阶层人群的比重减少，从而使得整个社会养老保险参保率较低。

（3）假说三：城乡结构对养老保险发展的影响。

当前我国城镇与乡村实行两套不同的养老保险制度，城镇地区以基本养老保险为主，而农村地区则以新型农村养老保险为主。虽然在城镇就业的农村居民可以在城镇参加基本养老保险，但由于过去养老保险转移接续制度不完善，导致了许多在城镇就业的农村居民没有参加基本养老保险。基于以上原因，我们提出的第三个假说是：一个地区在城镇就业的农村流动人口越多，该地区的参保率就越低。

（4）假说四：产业结构对社会保险发展的影响。

城镇经济主要以第二、三产业为主，相对而言，第三产业的企业规模比较小、参保的积极性不高、从业者流动性比较大，这些因素将影响第三产业从业者的参保积极性。所以，这里假设一个地区第三产业从业人员比重越高，其养老保险参保率就越低。

（5）假说五：所有制结构对社会保险发展的影响。

目前社会保险的主要参保范围是城镇企业及其他单位的职工。托达罗（1970）认为，劳动力市场存在正式工作和非正式工作的二元特征。在讨论社会保障的覆盖面问题时，有一种现象特别值得关注，那就是非正式部门的劳动力加入社会保障的覆盖面很小。因此，我们推测，非正规的私营企业和个体工商户的参保率要低于正规的国有企业与股份制企业。一个地区的私营企业与个体工商户越多，其社会保险的发展越滞后。根据胡晓义（2002）的计算，2000 年国有企业基本养老保险参保率达到 101.1%，而私营企业及个体户的参保率仅为 9.98%。

表 7—4　　不同所有制单位基本养老保险参保率情况比较

所有制类型	国有及其他企业	城镇集体企业	外商及港澳台资企业	城镇私营企业及个体户	机关及事业单位
参保人数（万人）	7 165	1 470	490	346	978
参保率（%）	101.10	93.63	80.07	9.98	25.34

资料来源：胡晓义：《论进一步扩大养老保险覆盖面》，载《中国社会保障》，2002（2）。

（6）假说六：养老金替代率对养老保险参保率的影响。

显然，养老金缴费与待遇水平是影响居民参保积极性的关键因素。由于费率水平比较稳定，缴费金额主要受缴费基数（即社会平均工资水平）的影响，所以用替代率指标能够综合反映养老金待遇与养老保险缴费的相对水平。

2. 实证研究指标说明及数据来源

上文从理论上分析了六个宏观因素对参保率影响的机制与效果，下面将利用经验数据，对宏观因素与养老保险参保率的关系进行实证检验。由于没有 2010 年以后各地方财政供养人数的公开统计数据，所以实证研究的样本只包括了 2000—2009 年各地区的省级面板数据。现就实证研究所采用的指标以及数据来源作如下说明：

(1) 因变量——职工基本养老保险参保率（Y）。

我们以《社会保险法》的参保对象为基础计算各地区基本养老保险的参保率。2010 年通过的《社会保险法》规定：所有职工都要参保基本养老保险，无雇工的个体工商户、未在用人单位参加基本养老保险的非全日制从业人员以及其他灵活就业人员可以参加基本养老保险。按照这一规定，基本养老保险必须参保的人群包括：城镇除了机关事业单位以外的所有单位雇员、农村乡镇企业雇员、农村私营企业雇员、农村个体户雇员。而对于灵活就业人员、个体工商户户主则可以选择参加也可以选择不参加。根据目前我国各部门、机构有关方面的统计口径与数据，笔者采用了如下公式来计算各地区应参保人数：

应参保人数 = 城镇经济活动人口 − 机关事业单位正式职工数
+ 乡镇企业职工数 + 农村私营企业就业人数
+ 农村个体户就业人数

式中，由于机关事业单位实行财政拨款的退休金制度，因而不属于参保范围；城乡个体工商户的户主属于可参保的对象，因为个体户主往往本身也是职工，所以也纳入应参保的范围。表 7—5 给出了 2009 年各地区基本养老保险应参保人数的统计数据（2010 年以后的财政供养规模还未公布）。

表 7—5　　2009 年职工基本养老保险应参保人数计算　　单位：万人

地区	除农民以外就业人数	财政供养规模	应参保人数	在职参保人数	参保率（%）
北　京	1 237.8	93	1 144.8	638.4	55.8
天　津	459.9	58	401.9	265	65.9
河　北	2 478.0	246	2 232	681.6	30.5
山　西	1 018.7	160	858.7	427.2	49.7
内蒙古	747.4	143	604.4	298	49.3
辽　宁	1 925.0	192	1 733	1 008	58.2
吉　林	765.7	135	630.7	383.2	60.8
黑龙江	996.8	161	835.8	586.7	70.2
上　海	1 251.1	88	1 163.1	625.1	53.7

续前表

地区	除农民以外就业人数	财政供养规模	应参保人数	在职参保人数	参保率(%)
江　苏	4 491.8	468	4 023.8	1 467.7	36.5
浙　江	3 339.0	154	3 185.0	1 317.8	41.4
安　徽	1 488.6	179	1 309.6	458.7	35.0
福　建	1 753.7	132	1 621.7	477.8	29.5
江　西	1 218.3	169	1 049.3	446.0	42.5
山　东	3 614.7	324	3 290.7	1 335.0	40.6
河　南	2 494.4	342	2 152.4	764.6	35.5
湖　北	1 730.6	204	1 526.6	708.4	46.4
湖　南	2 012.6	270	1 742.6	632.9	36.3
广　东	4 107.9	286	3 821.9	2 422.3	63.4
广　西	1 122.8	178	944.8	293.4	31.1
海　南	196.4	26	170.4	124.9	73.3
重　庆	832.9	91	741.9	316.3	42.6
四　川	2 221.2	267	1 954.2	782.7	40.1
贵　州	683.0	133	550	172.1	31.3
云　南	1 129.1	167	962.1	216.3	22.5
西　藏	54.7	19	35.7	6.1	17.1
陕　西	1 206.3	172	1 034.3	327.9	31.7
甘　肃	577.3	113	464.3	163.4	35.2
青　海	133.5	31	102.5	52.0	50.7
宁　夏	188.4	28	160.4	69.4	43.3
新　疆	524.9	113	411.9	256.3	62.2

资料来源：历年《中国统计年鉴》、《地方财政统计资料》。

（2）自变量。

①经济发展水平（X_1）。在国内外大多数研究中，人均GDP是衡量一个国家经济发展水平的最常用指标，这里我们同样采用各地区人均GDP水平来衡量全国各省市经济发展水平的差异。原始数据来源于历年《中国统计年鉴》。为了消除不同年份物价波动，采用了各地区历年的CPI指数进行平减。

②收入差距水平（X_2）。衡量收入差距的理想指标是基尼系数，但由于没有详细的城镇居民收入分组数据，所以以现有统计资料难以测算各省

基尼系数。目前我国收入差距问题主要体现在三个方面：城乡差距、行业差距以及单位内部管理层与普通员工的收入差距。由于农村居民不参加城镇基本养老保险，而单位内部差距没有系统数据，这里以行业差距来反映各地区收入差距水平，具体指标以各地区行业平均工资的标准差系数来反映：

$$\text{行业收入差距} = \frac{\text{各行业平均工资标准差}}{\text{所有行业平均工资水平}}$$

相关数据来源于历年《中国统计年鉴》。

③城乡户籍分割指标（X_3）。由户籍制度带来的城乡分割可以通过城镇常住人口与户籍人口的分离来衡量，这里采用各地区城镇常住人口与城镇非农人口之比来反映。具体计算公式为：

$$\text{城乡结构} = \frac{\text{各地区城镇常住人口}}{\text{各地区非农业人口}}$$

城镇常住人口的数据来自各省市2010年统计年鉴，而2005年以后各省常住人口（非农业人口）数据来自中国资讯行统计数据库，2004年以前各省城镇常住人口数据来自《新中国五十五年统计资料汇编》。由于统计原因，天津、河北、吉林、黑龙江、上海、河南、广东、广西、海南、四川和西藏地区2000—2004年城镇常住人口数据缺失。

④产业结构指标（X_4）。城镇产业结构主要集中于第二、三产业，所以这里以第二、三产业从业人员之比来反映产业结构差异。由于机关事业单位属于第三产业，所以应该进行剔除。具体计算公式为：

$$\text{第二、三产业从业人员之比} = \frac{\text{第三产业从业人数} - \text{机关事业单位从业人数}}{\text{第二产业从业人数}}$$

相关数据来源于历年《中国统计年鉴》。

⑤所有制结构指标（X_5）。所有制结构主要涉及国有单位、集体单位、股份制单位、私营经济以及个体户之间的差别。根据前面的假说，私营经济及个体户的参保积极性要低于其他所有制单位，所以这里以私营经

济及个体经济从业人数占全部从业人数的比例来反映所有制结构指标。具体计算公式为：

$$\text{私营与个体经济从业人数比例}=\frac{\text{私营与个体经济从业人数}}{\text{全部从业人数}-\text{机关事业单位从业人数}}$$

式中，全部从业人数指城镇与农村除了机关事业单位以外的全部应参保从业人数，包括城镇全部从业人数、农村乡镇企业职工人数、农村私营企业职工人数以及农村个体户从业人数。相关数据来源于历年《中国统计年鉴》以及各省统计年鉴。

⑥养老金替代率指标（X_6）。用各地区基本养老保险基金的支出除以退休人数，计算出人均养老金待遇水平，再除以当年各地区城镇就业人员平均工资水平，得到各地区基本养老保险金替代率水平指标（见表7—6）。

表7—6　　2009年各地区养老金替代率水平

地区	人均基金支出（元/人）	收入水平（元/人）	替代率（%）
北　京	22 083	57 779	38.2
天　津	16 853	43 937	38.4
河　北	16 388	27 774	59.0
山　西	16 042	28 066	57.2
内蒙古	15 238	30 486	50.0
辽　宁	14 333	30 523	47.0
吉　林	11 985	25 943	46.2
黑龙江	12 010	24 805	48.4
上　海	19 675	58 336	33.7
江　苏	15 549	35 217	44.2
浙　江	17 637	36 553	48.3
安　徽	13 703	28 723	47.7
福　建	15 868	28 366	55.9
江　西	11 779	24 165	48.7
山　东	19 068	29 398	64.9
河　南	14 283	26 906	53.1
湖　北	12 812	26 547	48.3
湖　南	12 507	26 534	47.1
广　东	18 802	36 469	51.6

续前表

地区	人均基金支出（元/人）	收入水平（元/人）	替代率（%）
广　西	12 477	27 322	45.7
海　南	13 369	24 790	53.9
重　庆	13 626	30 499	44.7
四　川	12 466	28 149	44.3
贵　州	14 165	27 437	51.6
云　南	14 054	26 163	53.7
西　藏	27 243	45 347	60.1
陕　西	15 364	29 566	52.0
甘　肃	15 789	26 743	59.0
青　海	19 107	32 481	58.8
宁　夏	19 086	32 916	58.0
新　疆	15 496	27 617	56.1

以上各变量的统计描述见表 7—7。

表 7—7　　实证研究各变量统计描述

指标	Y	X_1	X_2	X_3	X_4	X_5	X_6
均值	43.827 97	1.509 786	0.319 323	1.453 598	1.390 376	0.323 009	56.105 80
中位数	39.195 00	1.154 936	0.305 185	1.382 558	1.309 601	0.316 383	54.655 00
最大值	86.970 00	6.924 608	0.589 550	3.975 673	3.344 031	0.831 210	156.941 0
最小值	16.740 00	0.266 200	0.169 914	0.889 529	0.564 376	0.145 161	28.036 50
标准差	13.767 28	1.185 018	0.078 028	0.384 034	0.567 852	0.096 088	13.259 30
偏度	0.624 843	2.064 342	0.854 592	2.717 171	1.064 139	1.302 802	2.335 012
峰度	2.679 467	7.587 234	3.571 827	15.598 35	3.691 607	6.601 656	16.207 92
贝拉统计量	21.499 21	491.979 7	41.957 12	2 070.757	64.476 53	253.600 7	2 281.503

为了避免伪回归问题，需要进行面板数据单位根检验。因面板数据单位根检验分为同质面板和异质面板数据单位根检验两类，故分别采用 LLC 检验和 Fisher ADF 检验对各变量数据进行了检验，结果如表 7—8 所示。单位根检验结果显示，变量 Y、X_2、X_4 和 X_5 都是平稳的；而 X_1、X_3 和 X_6 采用 ADF 检验是一阶平稳，采用 LLC 统计量检验是原始序列平稳。为了保持计量方程的经济意义，本书以各变量水平值进行参数估计，并对估计结果的残差进行平稳性检验。

表 7—8　　变量的单位根检验结果

变量	LLC		Fisher ADF	
	原值	一阶差分	原值	一阶差分
Y	-10.0231^{***} (C, 0, 1)		89.1100^{***} (C, 0, 1)	
X_1	-3.20823^{***} (C, T, 1)	-9.23780^{***} (0, 0, 1)	49.1902 (C, T, 1)	71.0906 (C, T, 1)
X_2	-9.94521^{***} (C, T, 1)		77.1938^{*} (C, 0, 1)	
X_3	-6.78995^{***} (C, T, 1)	-9.33967^{***} (C, T, 1)	46.5649 (C, T, 1)	81.9338^{***} (C, 0, 1)
X_4	-6.78224^{***} (C, 0, 1)		80.0263^{**} (C, 0, 1)	
X_5	-8.59155^{***} (C, T, 1)		83.6797^{***} (C, T, 1)	
X_6	-8.56545^{***} (C, T, 1)	-50.4378^{***} (C, T, 1)	73.6114 (C, T, 1)	106.730^{***} (C, T, 1)

注：括号内为对检验形式的设定，C 为常数项，T 为趋势项，最后一项为滞后阶数。*、** 和 *** 分别表示通过 10%、5%和 1%的显著性水平检验，下同。

3. 参数估计及结果分析

基于上文的分析，对影响社会保险覆盖面的因素进行实证检验，计量研究的方程模型为：

$$Y=\beta_0+\beta_1X_1+\beta_2X_2+\beta_3X_3+\beta_4X_4+\beta_5X_5+\beta_6X_6+\varepsilon \quad (7—4)$$

利用上文所收集到的 2001—2009 年各地区面板数据对影响社会保险覆盖面的因素进行了实证检验。为了减少自相关问题，在模型中加入被解释变量参保率 Y 的一阶滞后项。首先对面板数据采用固定效应模型和随机效应模型进行估计，结果列在表 7—9 中。用 Hausman 统计量比较二者优劣，统计量值为 144.09，说明固定效应模型优于随机效应模型。固定效应 DW 统计量为 1.688 887，表明没有自相关问题。采用格林（Greene，2000）提出的方法进行组间异方差检验，构造的 χ^2 统计量为4 311.94，表明模型Ⅰ存在组间异方差问题，因此通过加权的广义最小二乘法对固定效应模型进行了重新估计，结果列在模型Ⅲ中。

表 7—9　　养老保险参保率影响因素的参数估计

解释变量	模型Ⅰ：固定效应	模型Ⅱ：随机效应	模型Ⅲ：广义最小二乘法
常数项	18.403 48*** (4.679 778)	3.181 057 (2.361 817)	23.707 45*** (4.193 389)
Y_{-1}	0.421 488*** (0.052 589)	0.935 730*** (0.018 977)	0.445 127*** (0.059 767)
X_1	2.759 295*** (0.560 496)	0.298 112 (0.232 784)	2.645 954*** (0.979 894)
X_2	−1.331 820** (0.507 514)	−6.446 103** (3.152 101)	−1.410 369*** (0.489 327)
X_3	−0.038 370 (0.105 563)	−1.283 083* (0.710 593)	−0.569 529* (0.386 517)
X_4	0.855 492 (0.878 895)	−0.449 662 (0.382 675)	−0.182 081 (0.791 084)
X_5	−4.372 716** (1.691 764)	−0.755 377*** (0.238 140)	−5.371 629** (2.694 415)
X_6	0.008 732 (0.022 148)	−0.004 846 (0.018 332)	−0.002 623 (0.012 016)
R^2	0.957 652	0.923 780	0.981 108
F	124.681 9	405.151 5	286.329 2
DW	1.688 887	1.664 738	1.816 922
Hausman		144.09	
χ^2		4 311.94	

注：(1) 表中的数据是采用 Stata 8.0 软件进行估计的。

(2) 表中括号内数据为系数的标准差，*、** 和 *** 分别表示 0.1、0.05 和 0.01 的显著性水平；F 统计量被用来检验方程的总体显著性状况。

(1) 经济发展水平（X_1）对参保率有显著影响，估计系数为 2.645 954。这表明二者之间是正向关系，即人均 GDP 越高，参保率也越高。这一结论与我们的预期一致。

(2) 收入差距水平（X_2）对参保率有显著的负面影响，估计系数为 −1.410 369。这表明二者之间是负向关系，即收入差距越大（用行业收入标准差反映），参保率就越低。

(3) 城乡户籍分割指标（X_3）对养老保险参保率也具有显著的负面

效应，估计系数为－0.569 529。这表明二者之间是负向关系，因为城镇常住人口除以城镇户籍人口的系数越大，说明户籍造成的城乡分割越严重。该指标估计的参数为负，说明城乡分割越严重，参保率就会越低。

（4）产业结构指标（X_4）对社会保险发展的影响不显著。本研究以第三产业与第二产业的比值来反映产业结构，但实证研究结果表明该变量的估计系数不显著。这说明社会保障参保率水平与产业结构没有关系，第三产业所占比例并不影响社会保险的扩面问题。

（5）所有制结构指标（X_5）对养老保险参保率也具有显著的负面效应，估计系数为－5.371 629。这表明二者之间是负向关系，即私营经济与个体户占全部就业人员比例越高的地区，参保率就越低。这证明了在我国不同所有制结构的参保率之间具有显著差异，特别是私营企业与个体工商户的参保率要明确低于其他经济。

（6）养老金替代率指标（X_6）对养老保险参保率没有显著影响。这一结论与我们的理论预期不一致，可能的原因是近年来虽然我国基本养老保险的替代率呈下降的趋势，但由于《社会保险法》、《劳动法》等文件的出台，对职工参保产生了强制性的约束，并促进了我国近几年来参保率的上升。

二、农民工养老参保的经验研究

农民工与城镇职工的本质差别在于户籍制度的差异。分析农民工养老保险参保行为与城镇职工养老保险参保行为的差异，可以体现我国户籍制度如何影响城乡养老保险制度统一与制度碎片化问题。

（一）农民工参保行为特征及影响因素

1. 农民工养老保险特征

农民工是我国的制度变迁与社会转型期间出现的特殊群体，特指具有农村户口身份却在城镇务工的劳动者。全国总工会的研究报告显示：2011年全国农民工总量达到25 278万人，其中，外出农民工15 863万人，占62.75％。农民工传统的养老方式主要有三种：一是回农村依靠承包的土地养老。这一养老方式是最传统也可以说是农民养老最重要的方式，但随着工业化和城市化进程的加快，农业用地不断减少，农民人均占有耕地量也越来越少，土地已经很难再为年老的农民工提供生活保障。二是依靠年轻时的储蓄存款来养老。但由于农民工普遍收入较低，在扣除自身生活费用、抚养子女及赡养父母的费用之后所剩无几，而且以储蓄存款方法养老对通货膨胀的抵抗力较差。三是依靠子女实行家庭养老。在计划生育政策的影响下，农民工家庭的纵向结构日益趋向“4—2—1”格局，依靠子女养老的风险也很高。因此让农民工参加社会养老保险是应对未来人口老龄化、维持社会稳定的必然选择。

虽然国家针对农民工养老问题出台了相应的政策，许多省市还单独制定了农民工养老保险办法，分别设计了农民工社会保障制度的城保模式、双低模式、综合保险模式、农保模式四种主要制度模式，而最新的《社会保险法》则规定，用人单位有义务为其所有员工购买职工基本养老保险，但由于农民工工作流动性大、用工不规范、未签订正式劳动合同以及参保意识低等，目前我国农民工群体养老保险呈现参保率低、退保率高的特征。

农民工参加养老保险的比例普遍偏低。原劳动和保障部社会保障研究所 2007 年赴深圳、上海实地调研的最新情况显示：深圳全市共有 400 万人参加养老保险，而约 250 万农民工中的实际参保率不超过 50%；根据国家统计局农民工统计监测调查，截至 2008 年年底，全国农民工总量为 22 542万人，但基本养老保险的总体参与率仅为 15%，而参保者中能够达到 15 年以上缴费并工作到退休年限享受养老待遇的人数更少。

2. 农民工养老保险参保影响因素分析

国内很多学者对农民工参加养老保险的意愿及影响因素进行了调查研究。谢勇等（2009）提出，农民工的受教育程度、技能水平、就业的行业及就业的稳定性等因素对农民工的参保意愿有显著的影响。雍岚（2007）实证研究了西安市农民工的社会养老保险参与状况，从支付意愿与支付能力两个角度指出：性别、子女数量、年龄、受教育程度对农民工社会养老保险支付意愿有显著影响；收入水平、支出水平在一定范围内对其支付能力有显著影响。姚俊（2010）对江苏5个市（县）的农民工进行了抽样调查，发现性别、户籍、流动意愿等类别变量，以及年龄、文化程度、收入水平和更换单位次数等层级变量对农民工的参保意愿选择有较为显著的影响，而外出务工时间、保费承担能力、更换务工城市次数等因素对参保意愿选择的影响不是十分显著。刘军伟（2011）分别从生存理性、经济理性、制度理性及社会理性四个角度对影响农民工参与新型农村养老保险制度的因素进行了考察。研究认为：生存理性与经济理性是农民工参与新型养老保险制度的决定性因素，农民工的收入状况、生活水平、家庭支出状况、需要供养人数等因素对他们的制度选择意愿产生了十分显著的影响，而农民工的职业身份、社会交往状况、住房状况等社会理性也对农民工参加新型农村养老保险制度的意愿产生了一定程度的影响。

（二）实证研究的指标及数据说明

本章基于重庆市的入户调查数据，对居民参加基本养老保险的影响因素进行了计量分析，以考察农民工参保行为的影响因素，并通过城镇职工与农民工的对比，寻找农民工参加养老保险的特殊性。实证研究来源于重庆市人保局2011年联合组织的“城镇居民人力资源与社会保障基本情况调查”，调查范围涵盖了重庆所有城区。总共调研了105家大中型企业，有效问卷1 094个。

1. 因变量：是否参加了基本养老保险项目

（1）是否参加了基本养老保险：本次以企业为单位的在职农民工调查有关这一问题的有效样本是1 052个，其中有563个参加了基本养老保险，占比达到53.5%（见图7—3）。

（2）是否参加了城乡居民养老保险：这一问题的有效样本是1 056个，有423个参加了城乡居民养老保险，占比达到40.1%（见图7—3）。另外，有105个样本同时参加了城镇职工基本养老保险和城乡居民养老保险。

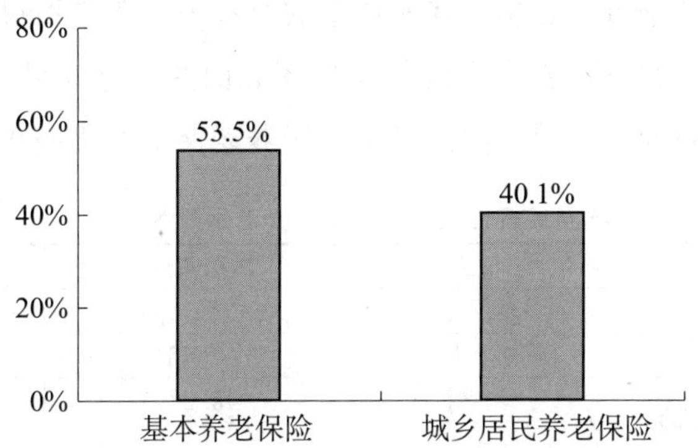

图 7—3　基本养老保险和城乡居民养老保险参保率

2. 自变量

（1）性别：参加基本养老保险人群中，男性的参保比例达到 55.6%，女性的参保比例为 51.1%；而在城乡居民养老保险中，男性的参保比例为 39.4%，而女性为 40.8%（见图 7—4）。总体而言，农民工中，不同性别的职工参保比例差别不大。

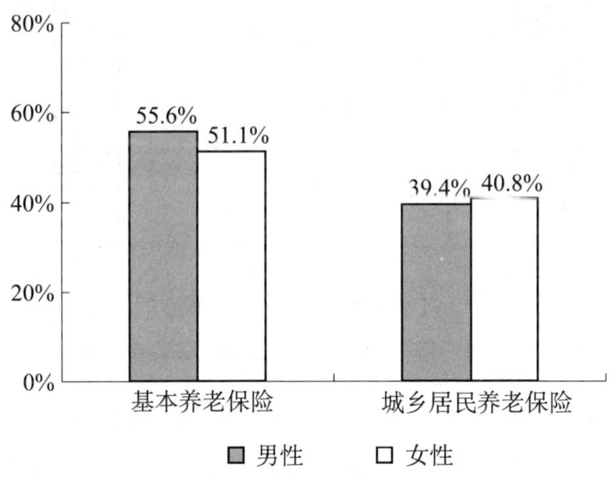

图 7—4　不同性别农民工养老保险参保率

（2）企业性质：由于产权制度的差别，不同产权性质的企业往往对员工提供的福利待遇有所差别，导致不同类型的企业员工参保率可能存在差异。从表7—10中可以看出，在所调查的对象中，在非私营经济与私营经济就业的农民工在基本养老保险的参保率方面并不存在显著差别；但是，在私营企业中就业的农民工参加城乡居民养老保险的比例相对较低。

表7—10　　不同经济性质企业农民工养老保险参保率

项目	变量	非私营经济	私营企业
基本养老保险	参保率	53.30%	53.75%
	样本量	546	506
城乡居民养老保险	参保率	45.27%	34.38%
	样本量	550	506

（3）年龄：从图7—5中可以看出，对于基本养老保险，30岁以下年龄组的参保率较高，达到60%，而45岁以上年龄组的参保率只有45%；而不同年龄组城乡居民养老保险参保率差别不大。

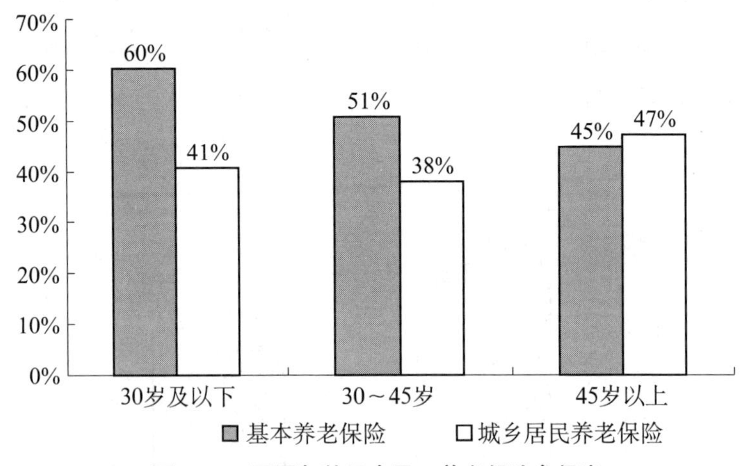

图7—5　不同年龄组农民工养老保险参保率

（4）受教育程度：图7—6给出了不同受教育程度农民工参加基本养老保险与居民养老保险的比例。从图中可以看出，农民工参加基本养老保险的比例随着受教育程度的提高也相应地有所提高，但在大专与本科以上学历中差别不大。而对于城乡居民养老保险的参保率则与学历关联不大。

（5）用工形式：从图7—7中可以看出，对于农民工参加基本养老保险，全日制职工的参保率为55%，而非全日制农民工和劳务派遣工的参保率为48%。另外，从城乡居民养老保险的参保情况来看，全日制职工参保比例为38%，非全日制职工参保比例为43%，而劳务派遣工的城乡居民养老保险参保比例达到54%。

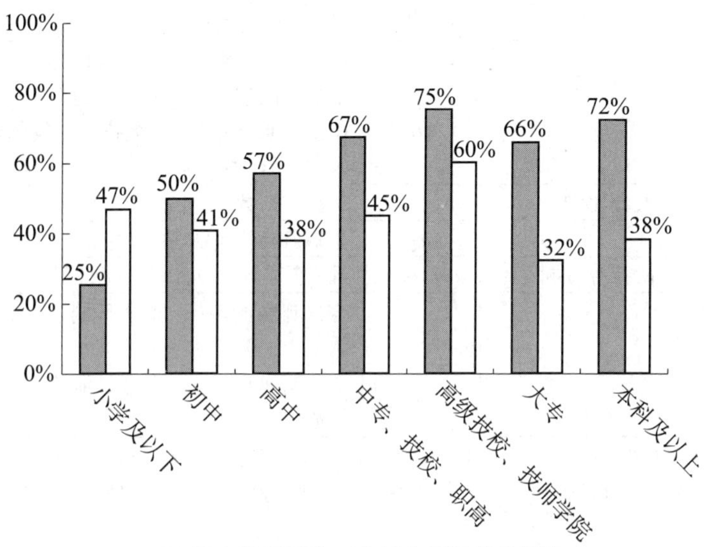

图7—6　不同受教育程度农民工养老保险参保率

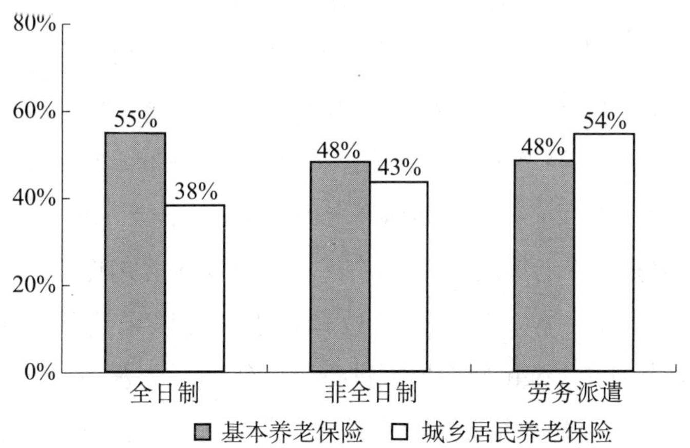

图7—7　不同用工形式农民工养老保险参保率

表 7—11 给出了实证研究所涉及的各变量的定义以及相关说明。

表 7—11　　　　变量的定义及说明

<table>
<tr><th>变量</th><th>变量符号</th><th>变量的定义及说明</th></tr>
<tr><td>是否参加了基本养老保险</td><td>Y_1</td><td>没有参加，$Y_1=0$；参加了，$Y_1=1$</td></tr>
<tr><td>是否参加了城乡居民养老保险</td><td>Y_2</td><td>没有参加，$Y_2=0$；参加了，$Y_2=1$</td></tr>
<tr><td>性别</td><td>gender</td><td>男性=0；女性=1</td></tr>
<tr><td>年龄</td><td>age</td><td>根据出生日期与调查时间计算</td></tr>
<tr><td>受教育程度</td><td>edu</td><td>小学及以下=1；初中=2；高中=3；中专、技校、职高=4；高级技校、技师学院=5；大专=6；本科及以上=7</td></tr>
<tr><td>农民工占从业人数比例</td><td>peasant</td><td>农民工人数/企业就业总人数</td></tr>
<tr><td>企业性质</td><td>org</td><td>非私营经济=0；私营经济=1</td></tr>
<tr><td>是否签订了书面劳务合同</td><td>contract</td><td>没有签，contract=0；签订了，contract=1</td></tr>
<tr><td rowspan="2">用工形式</td><td>job_1</td><td>全日制雇员=0；非全日制雇员=1；劳务派遣工=0</td></tr>
<tr><td>job_2</td><td>全日制雇员=0；非全日制雇员=0；劳务派遣工=1</td></tr>
</table>

注：表中非私营经济包括国有企业、集体企业、有限责任公司（不含私营）、股份有限公司（不含私营）；而私营经济包括有限责任公司（私营）、股份有限公司（私营）、私营企业、其他内资企业、港澳台资企业、外商投资企业、其他单位。

（三）实证检验及结论

1. 农民工基本养老保险参保影响因素参数估计

基于上文所设计的因变量与自变量，采用入户调查数据对影响农民工参加基本养老保险参保率的因素进行实证检验。计量方程为：

$$Y=\beta_0+\beta_1\times gender+\beta_2\times age+\beta_3\times edu+\beta_4\times peasant+\beta_5\times org+\beta_6\times contract+\beta_7\times job_1+\beta_8\times job_2+\varepsilon \qquad (7—5)$$

式中，Y 表示基本养老保险参保率（Y_1）或者居民养老保险参保率（Y_2）。与本章第一部分一样，对于离散选择模型，可以采用线性概率模型、Probit 概率模型和 Logit 概率模型进行参保估计。在表 7—12 中，分别采用了三种方法进行基本养老保险参保行为参数估计。实证结果表明：①性别与基本养老保险参保率之间存在显著的负相关关系。若女性用虚拟值 1

表示，而男性用 0 表示，这表明男性的基本养老保险参保率要显著地高于女性。(2) 企业中农民工占比（*peasant*）的系数显著为负数，这说明农民工比例越多的企业，参加基本养老保险的概率越低。(3) 就业形式变量 job_1 和 job_2 的系数都不显著，即农民工的就业形式与基本养老保险参保比例没有显著的相关性。(4) 企业性质 *org* 与参保率不存在显著相关性，也就是说，公有制经济与非公有制经济的农民工之间不存在显著的差别。(5) 教育水平 *edu* 的系数显著为正，这说明受教育程度越高的农民工参保的概率越大。

表 7—12　　农民工基本养老保险参保影响因素参数估计

自变量	模型 1：LPM	模型 2：Probit	模型 3：Logit
常数项	0.525 268 3*** (0.047 034)	0.057 718 9 (0.124 312 8)	0.083 930 7 (0.202 096 2)
gender	−0.058 871 5* (0.030 268 6)	−0.156 687* (0.080 407 1) [−0.062 208 7]	−0.248 182 5* (0.130 366 2) [−0.061 641 2]
peasant	−0.283 904 4*** (0.054 834 2)	−0.743 641 3*** (0.146 397 5) [−0.295 391 2]	−1.191 362*** (0.237 557 2) [−0.296 071 1]
job_1	−0.074 767 1 (0.069 069 3)	−0.203 734 9 (0.180 089 2) [−0.081 138 1]	−0.320 637 5 (0.297 255 2) [−0.079 986 1]
job_2	−0.068 820 1 (0.048 855 4)	−0.189 226 4 (0.132 951 7) [−0.075 364 5]	−0.300 381 (0.212 641 6) [−0.074 929]
org	0.011 089 8 (0.030 625 1)	0.026 102 8 (0.081 268 5) [0.010 367 9]	0.042 340 7 (0.131 891 7) [0.010 521 2]
edu	0.059 512 6*** (0.010 280 1)	0.159 915 4*** (0.028 065 6) [0.063 522 1]	0.260 305 8*** (0.046 701 6) [0.064 689 8]
样本量	1 049	1 049	1 049
F/LR	12.86	74.76	74.69

注：(1) 表中方括号内数据是根据 Probit、Logit 估计系数计算的自变量对因变量的边际效应。(2) *、** 和 *** 分别表示 0.1、0.05 和 0.01 的显著性水平。

2. 农民工居民养老保险参保影响因素参数估计

表 7—13 给出了农民工参加居民养老保险的参数估计结果。估计方法分别采用线性概率模型、Probit 概率模型和 Logit 概率模型进行。实证结果表明：(1) 性别（*gender*）与居民养老保险参保率之间不存在显著的关系，即男性与女性的参保率没有差别；(2) 企业中农民工占比（*peasant*）的系数不显著，说明农民工是否参加居民养老保险与其所在企业无关；(3) 就业形式变量 job_1 不显著但 job_2 系数显著为正，这表明劳动派遣工居民养老保险的参保率要大于全日制职工和非全日制职工；(4) 企业性质变量 *org* 与参保率系数显著为负，表明公有制企业农民工参加居民养老保险的概率要大于私营企业；(5) 教育水平 *edu* 的系数显著为负，说明受教育程度越高的农民工参加居民养老保险的概率越低。

表 7—13　　农民工居民养老保险参保影响因素参数估计

自变量	模型 1：LPM	模型 2：Probit	模型 3：Logit
常数项	0.476 001 3*** (0.047 191 4)	−0.052 860 5 (0.124 178 8)	−0.081 517 5 (0.201 335 6)
gender	0.036 930 4 (0.030 422 2)	0.098 533 2 (0.080 131 6) [0.038 080 2]	0.158 163 2 (0.129 666 7) [0.037 966 3]
peasant	−0.011 676 1 (0.055 048 3)	−0.031 289 8 (0.144 658 7) [−0.012 086 8]	−0.054 580 9 (0.233 571 4) [−0.013 093 5]
job_1	0.058 218 6 (0.068 899 6)	0.153 774 4 (0.179 640 4) [0.060 251 2]	0.247 193 9 (0.288 357) [0.060 387 7]
job_2	0.147 970 5*** (0.048 846 6)	0.378 661 8*** (0.126 449 7) [0.149 330 1]	0.608 119 7*** (0.204 033 2) [0.149 801 2]
org	−0.091 180 3*** (0.030 796 5)	−0.239 149 4*** (0.081 054 5) [−0.092 053 9]	−0.386 309 6*** (0.131 035 6) [−0.092 266 9]

续前表

自变量	模型1：LPM	模型2：Probit	模型3：Logit
edu	−0.0211 993** (0.010 341 2)	−0.057 564 9** (0.027 738 9) [−0.022 236 4]	−0.092 513 3** (0.045 082 7) [−0.022 193 2]
样本量	1 053	1 053	1 053
F/LR	4.59	27.18	

注：(1) 表中方括号内数据是根据Probit、Logit估计系数计算的自变量对因变量的边际效应。(2) *、** 和 *** 分别表示0.1、0.05和0.01的显著性水平。

三、农村居民养老保险参保的经验研究

新农保作为一项新生事物必然面临诸多挑战，其中如何长期维持农民的参保意愿就是主要挑战之一。① 由于目前我国农村居民养老保险的制度设计中，农民对于是否参保具有选择权，所以农民参保行为更多受微观因素的影响。本节基于对农户的微观调查数据研究了农村居民参加养老保险的影响因素。

（一）农民参保行为研究综述

王海江②（1998）和赵德余等③（2009）在老农保制度框架下对农民参与社会养老保险行为进行了研究。2009年新农保政策出台后，大量的文献对农民参加新农保的意愿进行了调查研究（乐章，2004；张红梅等，2009；肖应钊，2011；穆怀中，2011；林本喜，2012），这些研究主要从农民个体特征、家庭情况、制度设计以及对制度的了解程度等方面考察影响农村居民参加新型农村居民养老保险的因素。在研究方法上主要以统计分析和计量分析为主，但在自变量和工具变量的选择上各有差异，研究结

① 参见林义：《破解新农保制度运行五大难》，载《中国社会保障》，2009（9）。

② 参见王海江：《影响农民参加社会养老保险的因素分析：以山东、安徽省六村农民为例》，载《中国人口科学》，1998（6）。

③ 参见赵德余、梁鸿：《农民参与社会养老保险行为选择及其保障水平的因素分析：来自上海郊区村庄层面的经验》，载《中国人口科学》，2009（1）。

论也不完全一致。比如，穆怀中等①（2012）认为，“新农保”试点政策主要吸引中低收入水平、中低学历程度、健康水平低、参保回报时间短的人群。林本喜、王永礼②（2012）认为影响农户参保意愿和参保行为的因素不尽相同；婚姻状况及家庭收入对农民参保意愿有显著影响，却不影响参保行为；农民的性别、文化程度以及家庭人均耕地和老人养老模式对农民的实际参保行为有显著影响；而对新农保的认识、区域等因素对农民参保意愿和参保行为的影响具有一致性。此外，也有大量文献关注了农村居民养老保险参保缴费档次的选择问题，如封铁英等（2010）③对西安市10个涉农区县的调查发现有49.5%的农民选择最低缴费标准；辽宁省阜新市彰武县有88%左右的参保农民选择了100元/年的最低缴费档次（程昕、王国辉，2011）④；安徽省蒙城县选择100元/年最低缴费档次的人数占总参保人数的94.07 %（黄明静，2011）⑤。

（二）指标及数据说明

数据来源于2010年对重庆市城乡居民养老保险试点情况的调查，调查范围涵盖3个试点区县9个村庄，共发放有效问卷450份，收回有效问卷422份。调查的对象是以家庭为单位，以下实证研究的对象剔除了16周岁以下居民、在校学生。考虑到外出务工人员可能参加了城镇职工基本养老保险的情况，所以本次研究范围不包括常年在外务工的非常住人口。

---

① 参见穆怀中、闫琳琳：《新型农村养老保险参保决策影响因素研究》，载《人口研究》，2012（1）。

② 参见林本喜、王永礼：《农民参与新农保意愿和行为差异的影响因素研究》，载《财贸经济》，2012（7）。

③ 参见封铁英、董璇：《劳动力缺失背景下新型农村养老保险需求及其影响因素研究》，载《西北人口》，2010（8）。

④ 参见程昕、王国辉：《新农保缴费问题的研究——基于阜新市彰武县4个乡镇的新农保调查》，载《农业经济与科技》，2011（6）。

⑤ 参见黄明静：《农户参加新农保现状及影响因素分析——基于安徽省蒙城县立仓镇的调研》，载《长春大学学报》，2011（5）。

1. 因变量：是否参加了城乡居民养老保险项目

将个别参加了职工基本养老保险和其他养老保险项目的农村居民剔除，另外也没有考虑农民参保的具体档次，只关注是否参加了新出台的城乡居民养老保险项目，全部样本中有76.3%的居民参加了居民养老保险。

2. 自变量

结合已有的文献，对新农保的参保率的影响因素提出了如下假说：

(1) 年龄因素的影响。在第六章的参保人行为理论研究中已经表明，现行的制度安排对年龄越大的参保人越有利，而对年轻的参保人不利，由此得出了第一个假说：农村居民的参保率随着年龄的增大而提高。从图7—8的调查数据统计中可以看出，不同年龄段农村居民的参保率确实存在差别，30岁以下农民的参保率只有45.1%，而60岁以上农民的参保率达到90.6%。根据调查，由于有财政补贴，并且可以马上领取养老金，60岁以上农民参保的积极性较高。

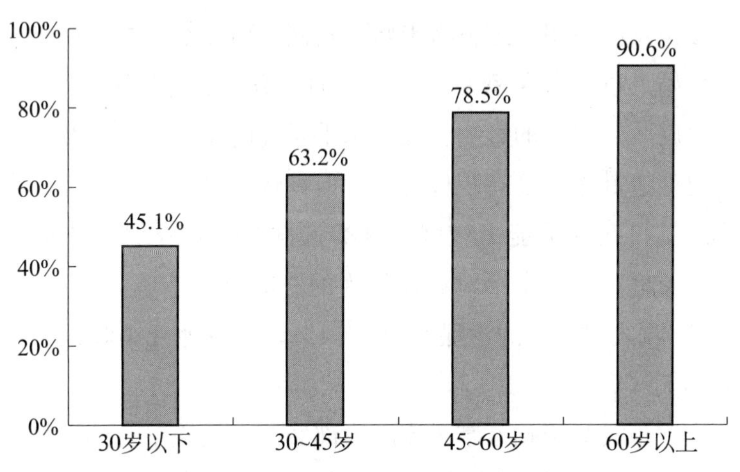

图7—8 不同年龄段农村居民参保率

(2) 性别因素的影响。关于性别因素对参保行为是不是有影响存在争议。穆怀中（2011）认为女性农民受传统观念的影响，往往以家庭主要支柱（通常是家庭中的男性）为主，忽视自我保障，所以参保率会更低；林本喜（2012）认为，男性更依赖于靠自己养老，也愿意接受新事物，女性则更倾向于倚重家庭养老，所以男性有更强烈的参保意愿。在调查样本中，男性的参保率为79.3%；而女性的参保率为73.7%（见图7—9）。

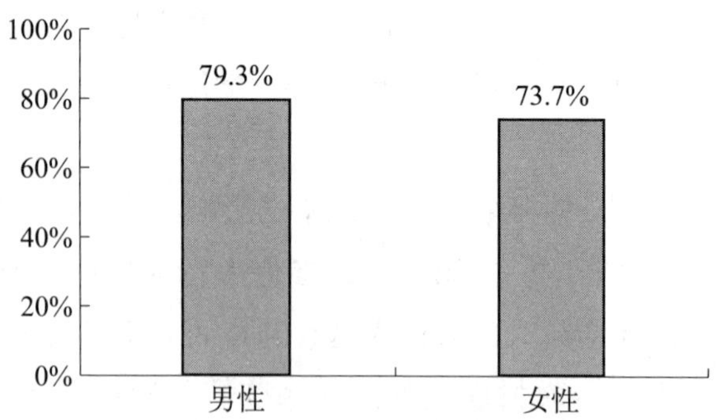

图7—9　不同性别农村居民养老保险参保率

（3）婚姻因素的影响。一般认为，离异或丧偶的农民，由于对家庭养老更缺乏安全感，所以参保意愿最强；已婚的农民受家庭责任的影响，参保意愿也比较强；而单身的未婚青年由于未来的不确定性以及没有家庭责任束缚，参保意愿最弱。这里将未婚、丧偶、离异都归类为单身。根据调查统计，已婚人群的参保率为77.7%，而单身人群的参保率为74.9%。

（4）家庭收入水平的影响。收入水平越高的家庭，其缴费参保的能力也越高，对促进其参保具有积极意义；但穆怀中（2011）认为，有较高收入的家庭，其自我保障能力较强，这类人群对"新农保"的需求并不强烈。因此，家庭的收入水平对参保行为的影响具有不确定性。根据调查，5 000元以下收入组居民的参保率为55.1%，而其他几个收入组居民的参保率差异不大（见图7—10）。

（5）家庭规模的影响。基于家庭内部经济上的联系，外出打工的成员往往与该家庭在经济上具有密切关系，所以以户籍人口数量为标准计算家庭规模。子女作为传统养老模式，其数量无疑对农民养老方式的选择具有影响。基本的假设是：子女越多的农村居民其对子女养老保障的期望也会越高，进而导致其参加社会化养老保险的积极性下降。根据调查统计（见图7—11），2人及以下家庭的参保率为78.2%，而3～4人规模家庭的参保率为 78.8%，5 人及以上规模家庭的参保率为 74.3%，没有呈现出参保率与家庭规模成反比的特征。

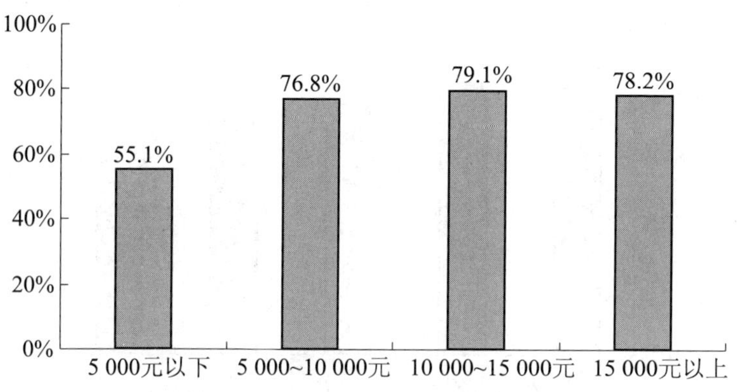

图 7—10　不同收入水平农村居民参保率

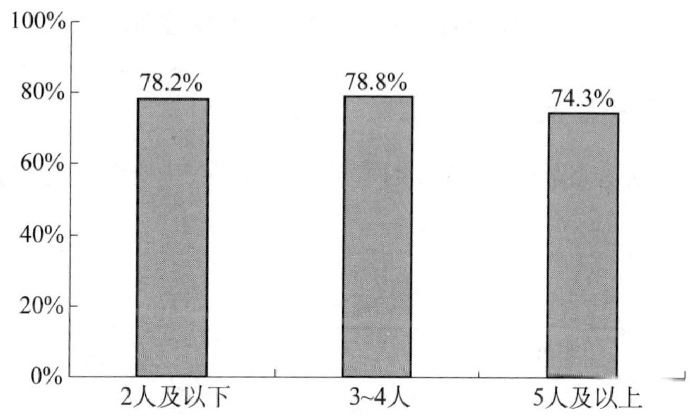

图 7—11　不同家庭规模的农村居民参保率

(6) 文化程度的影响。穆怀中（2011）认为，现行新农保制度的缴费层次与给付水平未符合高学历、高经济水平人群的需求，导致了新农保中存在一种“逆向选择”的问题，即文化程度越高的人群，参保率反而越低。王永礼等[①]（2012）的研究也得到了相同的结论。从图 7—12 中的调

① 参见王永礼、林本喜、郑传芳：《新农保制度下农民参保行为影响因素分析》，载《福建论坛（人文社会科学版）》，2012（6）。

查结果可以看出，不同学历的参保率呈现比较明显的差别，小学、初中的参保率相对较高，而大专以上文化程度的居民参保率较低。

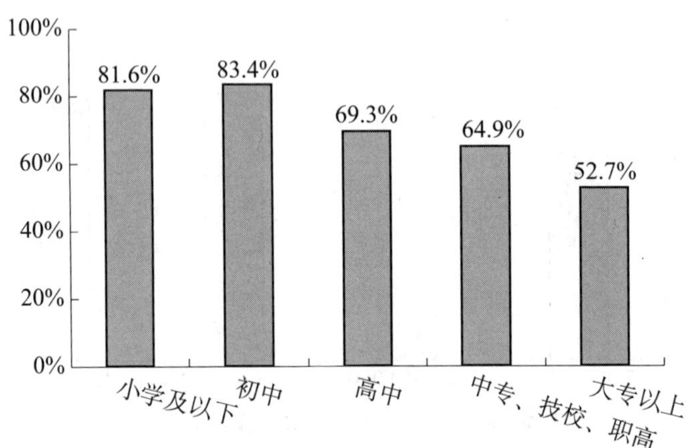

图 7—12　不同受教育程度的农村居民参保率

（三）实证检验及结论

基于计量研究的需要，首先对各变量的符号以及虚拟变量进行设定，具体如表 7—14 所示。

表 7—14　　变量的定义及说明

变量	变量符号	变量的定义及说明
是否参加了农村居民养老保险	*Y*	没有参加，*Y*=0；参加了，*Y*=1
性别	*gender*	男性=0；女性=1
年龄	*age*	根据出生日期与调查时间计算
婚姻状况	*marriage*	未婚=0；已婚=1
家庭人均收入	*income*	用家庭总收入除以户籍人口
家庭人数	*scale*	户籍人口数量
文化程度	*edu*	小学及以下=1；初中=2；高中=3；中专、技校、职高=4；大专=5；本科及以上=6

基于上文所设计的因变量与自变量，采用入户调查数据对影响农民参加养老保险参保率的因素进行了实证检验。计量方程为：

$$Y=\beta_0+\beta_1\times gender+\beta_2\times age+\beta_3\times marriage+\beta_4\times income+\beta_5\times scale+\beta_6\times edu+\varepsilon \qquad (7\text{—}6)$$

表 7—15 给出了农民参加居民养老保险的参数估计结果，对离散变量分别采用了线性概率模型、Probit 概率模型和 Logit 概率模型进行估计。实证结果显示：

(1) 年龄 (*age*) 与参保率之间存在显著的正相关关系，说明年龄越大的农村居民参保的积极性越高，这一结论与我们前文的理论分析一致。

(2) 性别 (*gender*) 的系数没有通过统计上的显著性检验，没有充分证据表明男性与女性的参保率之间存在显著差异。

(3) 婚姻的系数也没有通过显著性检验，即婚姻状况对参保行为没有显著影响。可能的原因是，虽然离异或丧偶的农民参保意愿较强，但未婚青年人群的参保意愿较低，进而总体上降低了单身人群的参保率。

(4) 收入水平 (*income*) 与参保率之间存在显著的正相关关系，收入越高的家庭，参保的概率越大。

(5) 家庭规模 (*scale*) 的系数虽然为负但不显著，没有证据表明家庭的规模对参保率有显著影响。

(6) 教育水平 (*edu*) 的系数显著为负，表明受教育程度越高的居民参保率越低，这一结论与已有的研究 (穆怀中，2011) 一致。

表 7—15　　农村居民参加居民养老保险行为的参数估计

自变量	模型 1：LPM	模型 2：Probit	模型 3：Logit
常数项	−0.498 293*** (0.103 577 7)	−3.278 71*** (0.407 407 7)	−5.733 761*** (0.743 857 7)
age	0.011 464 6*** (0.001 628 8)	0.038 573 9*** (0.005 974 2) [0.010 977 2]	0.068 485 6*** (0.010 719 8) [0.011 433 3]
gender	0.024 555 7 (0.015 283 4)	0.105 365 1 (0.087 176 8) [0.028 316 3]	0.193 959 2 (0.122 020 8) [0.028 150 8]

续前表

自变量	模型 1：LPM	模型 2：Probit	模型 3：Logit
marriage	0.019 465 9 (0.031 261 4)	0.103 842 2 (0.155 036 1) [0.030 345 5]	0.185 410 3 (0.240 873) [0.030 001 7]
income	0.000 114*** (0.000 041 1)	0.000 396 9** (0.000 178 6) [0.000 123 7]	0.000 670 6** (0.000 334 1) [0.000 134 4]
scale	−0.0149 036 (0.010 713 4)	−0.050 388 3 (0.039 255 5) [−0.013 651 7]	−0.084 012 5 (0.068 626 7) [−0.014 048 9]
edu	−0.068 872 7*** (0.020 171 5)	−0.211 189 7*** (0.085 471) [−0.055 914 7]	−0.367 238 3*** (0.100 777 4) [−0.055 190 6]
R^2	0.252 9	0.212 6	0.216 4
F/LR	31.53	149.54	152.19

注：(1) 表中方括号内数据是根据 Probit、Logit 估计系数计算的自变量对因变量的边际效应。
(2) *、** 和 *** 分别表示 0.1、0.05 和 0.01 的显著性水平。

第八章

养老保险扩面对可持续性的影响

财务的可持续性是养老保险扩面的一个重要障碍，而养老保险扩面又会对养老金的财务问题产生深远影响：一方面扩面将增加短期养老金收入，有利于缓解短期养老金的财务风险；另一方面扩面又必然导致长期中养老金支出的增加，扩大了养老金支付的长期风险，因此养老保险扩面对于基金可持续性的影响将是一个两难困境。在目前三大养老保险体系中，机关事业单位的退休金以政府财政收入作为后盾，基金支付风险较小；居民养老保险的目标养老金待遇水平较低，如果保持现有待遇不变，未来也不会面临财务支付风险，更多的是面临政策风险；而职工基本养老保险受历史遗留问题、人口老龄化等影响最为显著，学术界普遍认为将面临基金收不抵支的风险。所以本章重点预测在人口老龄化趋势下，未来我国基本养老保险基金收支缺口的变化趋势以及养老保险扩面对基金收支的影响。

一、中国未来人口预测

1. 出生人口的性别比设定

20 世纪 50 年代中期（1955 年 10 月），联合国出版的《用于总体估计的基本数据质量鉴定方法》（手册Ⅱ）认为：出生性别比偏向于男性。一般来说，每出生 100 名女婴，男婴出生数为 102～107 名。此分析明确认定了出生性别比值下限不低于 102 名、上限不超过 107 名，该值域一直被国际社会公认为通常理论值，其他值域则被视为异常。根据全国第五次人口普查数据，2010 年我国出生人口的性别比为 117.94。在下文的预测中，我们假定 2050 年我国出生人口性别比达到正常均值 105，在 2011—2050 年，人口出生性别比是均匀下降的。

2. 人口死亡率分析

依据全国第六次人口普查数据，表 8—1 给出了分年龄及性别的人口死亡率的数据，这里假定未来各种人口的死亡率不变。

表 8—1　　分年龄及性别的人口死亡率（%）

年龄	全部	男	女	年龄	全部	男	女
0	2.690	2.256	3.210	15	0.050	0.059	0.040
1	0.249	0.237	0.264	16	0.053	0.064	0.041
2	0.160	0.159	0.161	17	0.060	0.075	0.045
3	0.117	0.119	0.115	18	0.072	0.089	0.055
4	0.087	0.092	0.080	19	0.079	0.100	0.057
5	0.071	0.077	0.063	20	0.092	0.117	0.066
6	0.059	0.067	0.050	21	0.091	0.114	0.067
7	0.054	0.064	0.042	22	0.098	0.122	0.073
8	0.051	0.063	0.038	23	0.099	0.123	0.075
9	0.045	0.055	0.033	24	0.105	0.129	0.081
10	0.045	0.055	0.034	25	0.108	0.132	0.083
11	0.041	0.050	0.031	26	0.105	0.129	0.080
12	0.040	0.048	0.033	27	0.111	0.135	0.084
13	0.041	0.048	0.033	28	0.111	0.137	0.084
14	0.044	0.052	0.035	29	0.117	0.143	0.089

续前表

年龄	全部	男	女	年龄	全部	男	女
30	0.127	0.157	0.095	66	2.083	2.553	1.600
31	0.126	0.156	0.094	67	2.377	2.883	1.860
32	0.135	0.168	0.100	68	2.731	3.306	2.154
33	0.133	0.167	0.097	69	3.156	3.817	2.497
34	0.144	0.182	0.105	70	3.639	4.409	2.890
35	0.158	0.199	0.114	71	3.766	4.558	3.012
36	0.156	0.200	0.109	72	4.389	5.291	3.543
37	0.171	0.220	0.119	73	4.637	5.612	3.748
38	0.179	0.231	0.123	74	5.027	6.076	4.101
39	0.194	0.246	0.139	75	5.517	6.654	4.546
40	0.219	0.280	0.153	76	6.035	7.292	4.999
41	0.217	0.278	0.151	77	6.515	7.863	5.435
42	0.242	0.308	0.169	78	7.448	8.961	6.269
43	0.247	0.313	0.177	79	8.603	10.403	7.277
44	0.267	0.336	0.193	80	9.946	11.986	8.511
45	0.300	0.378	0.217	81	10.348	12.349	8.991
46	0.315	0.395	0.231	82	11.420	13.691	9.948
47	0.347	0.434	0.256	83	12.284	14.696	10.784
48	0.373	0.464	0.278	84	13.309	15.887	11.792
49	0.418	0.514	0.317	85	14.160	16.946	12.595
50	0.488	0.600	0.367	86	15.097	17.809	13.632
51	0.487	0.596	0.369	87	16.552	19.630	14.974
52	0.551	0.673	0.420	88	18.098	21.315	16.519
53	0.588	0.713	0.454	89	19.643	22.836	18.163
54	0.668	0.815	0.512	90	22.074	25.446	20.609
55	0.723	0.878	0.556	91	23.648	26.182	22.603
56	0.756	0.920	0.579	92	25.508	28.259	24.416
57	0.863	1.055	0.656	93	26.957	29.608	25.971
58	0.934	1.137	0.714	94	27.045	27.910	26.721
59	1.081	1.317	0.824	95	27.730	25.960	28.456
60	1.284	1.565	0.980	96	28.117	24.431	29.763
61	1.303	1.585	0.996	97	27.498	21.645	30.308
62	1.473	1.784	1.132	98	29.598	23.681	32.333
63	1.556	1.876	1.214	99	28.202	22.767	30.532
64	1.786	2.166	1.392	100 以上	36.398	32.942	37.524
65	2.008	2.455	1.553				

资料来源：2010 年人口普查数据。

3. 总和生育率的估计

人口总和生育率是目前我国人口学界争议最大的一个问题，也是预测未来人口趋势的核心要素。依据生育更替水平（即这一代是多少人，下一代也是多少人的总和生育率），发达国家是2.1‰，发展中国家是2.3‰。我国人口总和生育率在1963年达到最高值7.5‰，之后生育率不断下降。2000年人口普查发现，我国的总和生育率只有1.22‰。2005年全国1%人口抽样结果显示，人口总和生育率上升到1.33‰水平。但国家计生委2006年《人口和计划生育统计公报》的调查结果却达到1.74‰，与其他调查结果差别非常大。郭志刚（2010）认为，2006年人口调查的生育率飙升是调查偏差所致。张青（2006）认为，统计部门公布的数据并不合理，目前国家生育政策所允许的全国平均终身生育水平为1.47，考虑到农村地区存在不少超生现象，中国总和生育率是不大可能低于政策水平的。表8—2列出了几种总和生育率水平的测算结果。

表8—2　　几种总和生育率水平测算结果

时间	国家统计局*	计生委**	张青***
2000	1.221		1.661
2001	1.386		1.615
2002	1.389		1.628
2003	1.414		1.622
2004	1.452	1.59	1.622
2005	1.338	1.74	
2006	1.385	1.87	
2007	1.453		
2008	1.478		
2009	1.374		

* 根据历年《中国人口统计年鉴》和《中国统计年鉴》计算得到。

** 来源于2006年《人口和计划生育统计公报》。

*** 来源于张青：《总和生育率的测算及分析》，载《中国人口科学》，2006（4）。

由于生育率测算口径较多，这里分别采用了如下四种假定，并利用2010年第六次人口普查的人口总数进行验证，选择预测结果最接近的方案（见表8—3）。

方案一：国家统计局公布的结果。

方案二：2000—2004年采用张青的方案，2005—2010年保持1.622的总和生育率不变。

方案三：2020年达到世代更替水平2.1，在2005—2020年均匀提高，2020年之后保持不变。

方案四：在2000年1.661的总和生育率水平上逐年均匀提高，2020年达到世代更替水平2.1，2020年之后保持不变。

表8—3　各种方案下2010年人口总数预测结果检验

总和生育率	方案一	方案二	方案三	方案四
2010年人口（万人）	129 571	131 916	132 548	133 472
与实际误差率（%）	−3.29	−1.54	−1.06	−0.37

注：根据第六次人口普查大陆地区总人口数133 972万人计算。

从以上计算结果可以看出，方案四的结果与2010年人口普查结果最相符，表明我国2000—2010年各年平均的人口总和生育率约为1.782，要远远高于国家统计局公布的数据，与国家计生委公布的数据比较符合，可能的一个解释是中国尤其是农村地区存在较大规模的超生问题。所以对于未来人口增长的模拟采用了方案四的方法。

4. 人口预测结果

在过去一段时期的计划生育政策影响下，随着人口出生率的下降，今后人口红利将逐渐消失，而老龄化问题将变得更为突出。图8—1画出了2000—2050年各时期的人口变化趋势图。从图中可以看出，未来中国老龄化问题将变得十分突出，在2000—2010年是中国人口红利最大的时期，2011年以后，劳动年龄人口的规模开始逐年下降。到2050年，劳动年龄人口约为6.91亿人。退休年龄人口规模则不断上升，到2050年达到3.99亿人。而总人口规模呈先增后减的趋势，在2026年达到高峰14.2亿人，之后开始下降，到2050年为13.5亿人。

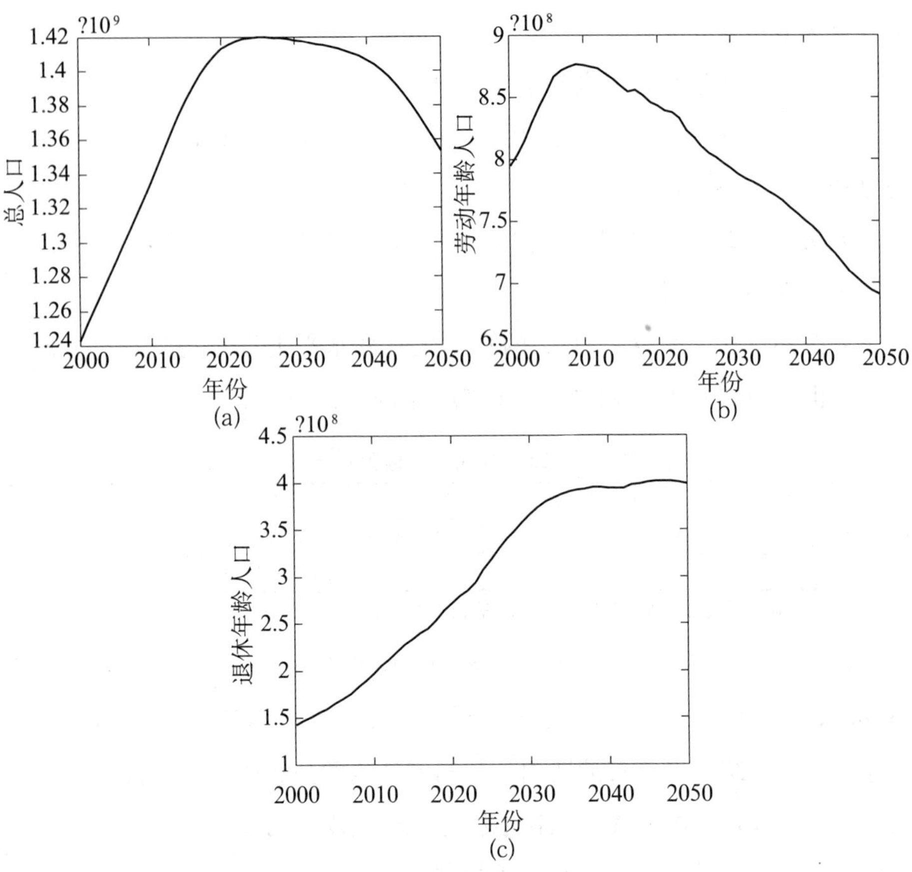

图 8—1　全国人口总和、劳动年龄人口和退休年龄人口

二、基本养老保险基金收入预测

基本养老保险基金收入预测公式为：

$$FI_t = WP_t \times IP_t \tag{8—1}$$

式中，FI_t 表示第 t 期基本养老保险基金收入，WP_t 表示第 t 期在职参保人数，IP_t 表示第 t 期参保人员人均缴费收入。

在职参保人数的计算方法为：

$$WP_t = NP_t \times pr_t \tag{8—2}$$

式中，NP_t 表示第 t 期在职应参保人数，pr_t 表示第 t 期参保率。

(一) 应参保人数预测

由于基本养老保险应参保人数主要集中在城镇地区，所以应参保人数与经济活动人口、城镇化率等因素相关。将经济活动人口与城镇化率相乘可得到城镇经济活动人口，建立应参保人数与城镇经济活动人口的曲线方程，用 SPSS 软件对多个曲线模型进行测试与比较。因为应参保人数不可能超过经济活动人口，所以最后采用的是拟合效果较好且增长趋势符合其特征的 S 曲线函数。估计方程的表达式为：

$$NP = e^{(11.28 - \frac{31\,443.6}{UEP})} \tag{8—3}$$

$$R^2 = 0.929 \text{ , } F = 156.60$$

式中，NP 为应参保人数，UEP 为城镇经济活动人口。

要预测应参保人数，必须先预测城镇经济活动人口。根据前文人口老龄化的数据，可以推算出未来我国劳动年龄人口和经济活动人口，所以只需对城镇化进程进行预测。图 8—2 给出了 1978—2011 年我国城镇化发展趋势。

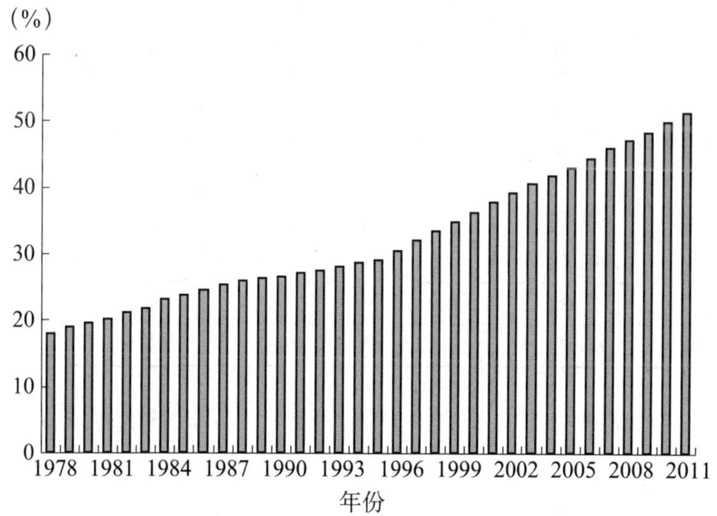

图 8—2　中国历年城镇化趋势

考虑到国外城镇化进程先快后慢的变化趋势，我们采用了 Logistic 曲线进行预测（上限值设为 90%）。用 1978—2011 年历史样本对时间进行的回归分析结果为：

$$ur = \frac{1}{1/90 + 0.049 \times 0.953^t} \qquad (8—4)$$

$$R^2 = 0.982 , F = 1697.85$$

式中，ur 表示城镇化率，t 为时间虚拟变量。

用式（8—4）对我国未来城镇化进程进行预测，结果如表 8—4 所示。

表 8—4　　　　我国 2012—2050 年城镇化率预测

年份	城镇化率（%）	年份	城镇化率（%）	年份	城镇化率（%）
2012	52.11	2025	65.24	2038	75.48
2013	53.18	2026	66.15	2039	76.13
2014	54.25	2027	67.04	2040	76.75
2015	55.32	2028	67.90	2041	77.36
2016	56.37	2029	68.75	2042	77.95
2017	57.41	2030	69.58	2043	78.51
2018	58.44	2031	70.39	2044	79.06
2019	59.46	2032	71.18	2045	79.59
2020	60.46	2033	71.95	2046	80.10
2021	61.45	2034	72.69	2047	80.60
2022	62.42	2035	73.42	2048	81.07
2023	63.38	2036	74.13	2049	81.53
2024	64.32	2037	74.82	2050	81.97

根据城镇化率与前文预测的经济活动人口可以计算出 2012—2050 年城镇经济活动人口，并利用式（8—3）估计应参保人数，结果如表 8—5 所示。

表 8—5 基本养老保险应参保人数预测结果 单位：万人

年份	城镇经济活动人口	应参保人数	年份	城镇经济活动人口	应参保人数	年份	城镇经济活动人口	应参保人数
2012	77 178	38 659	2025	72 242	43 075	2038	67 234	45 060
2013	76 769	39 085	2026	71 599	43 209	2039	66 809	45 120
2014	76 424	39 521	2027	71 134	43 394	2040	66 360	45 156
2015	75 945	39 894	2028	70 848	43 630	2041	65 932	45 194
2016	75 556	40 277	2029	70 385	43 789	2042	65 373	45 170
2017	75 674	40 832	2030	70 051	43 984	2043	64 555	45 026
2018	75 324	41 198	2031	69 636	44 135	2044	63 942	44 958
2019	74 761	41 470	2032	69 313	44 310	2045	63 316	44 874
2020	74 520	41 841	2033	69 054	44 497	2046	62 674	44 773
2021	74 210	42 174	2034	68 743	44 650	2047	62 200	44 737
2022	74 051	42 544	2035	68 403	44 784	2048	61 697	44 675
2023	73 657	42 816	2036	68 097	44 920	2049	61 328	44 666
2024	72 794	42 896	2037	67 723	45 020	2050	61 031	44 680

（二）目标参保率预测

对于基本养老保险参保率也采用趋势预测法进行预测。由于参保率最高不可能超过 100%，所以采用 Logistic 函数进行预测（上限值设为 100%）。用 1998—2011 年区间样本对时间进行的回归分析结果为：

$$pr = \frac{1}{1/100 + 0.017 \times 0.955^t}$$

$$R^2 = 0.886 , F = 93.62 \qquad (8\text{—}5)$$

式中，pr 表示目标参保率，t 为时间虚拟变量。

参保率预测结果如表 8—6 所示。根据预测结果，2050 年基本养老保险参保率将达到 90.29%。

表 8—6 2012—2050 年基本养老保险目标参保率预测

年份	参保率（%）	年份	参保率（%）	年份	参保率（%）
2012	57.54	2015	60.94	2018	64.27
2013	58.68	2016	62.06	2019	65.35
2014	59.82	2017	63.17	2020	66.43

续前表

年份	参保率（%）	年份	参保率（%）	年份	参保率（%）
2021	67.49	2031	77.20	2041	84.99
2022	68.54	2032	78.07	2042	85.65
2023	69.57	2033	78.92	2043	86.30
2024	70.58	2034	79.75	2044	86.93
2025	71.58	2035	80.56	2045	87.53
2026	72.56	2036	81.35	2046	88.12
2027	73.53	2037	82.12	2047	88.69
2028	74.48	2038	82.86	2048	89.25
2029	75.40	2039	83.59	2049	89.78
2030	76.31	2040	84.30	2050	90.29

（三）基本养老保险基金收入预测结果

根据最新的统计数据，2011 年基本养老保险基金征缴收入为 13 956 亿元，在职参保人数为 21 565 万人，人均基金征缴收入为 6 471 元/年。假定不考虑财政补贴收入和工资的增长因素，并假定通货膨胀与基金增值保持同步水平。表 8—7 给出了基金收入方案预测结果。从表中可以看出，随着参保率的增长，未来参保人数将会增加，但由于劳动年龄人口的减少，最终将导致基本养老保险基金收入增长趋势减缓。

表 8—7　2012—2050 年基本养老保险基金征缴收入预测　单位：亿元

年份	基金征缴收入	年份	基金征缴收入	年份	基金征缴收入
2012	14 395	2025	19 953	2038	24 162
2013	14 842	2026	20 289	2039	24 406
2014	15 298	2027	20 647	2040	24 632
2015	15 733	2028	21 027	2041	24 854
2016	16 175	2029	21 366	2042	25 036
2017	16 691	2030	21 720	2043	25 144
2018	17 133	2031	22 048	2044	25 289
2019	17 538	2032	22 385	2045	25 418
2020	17 986	2033	22 724	2046	25 532
2021	18 418	2034	23 042	2047	25 676
2022	18 868	2035	23 345	2048	25 800
2023	19 274	2036	23 646	2049	25 949
2024	19 592	2037	23 922	2050	26 107

三、基本养老保险基金支出预测

基本养老保险基金支出预测的基本计算方法是：

$$FO_t = RP_t - OP_t \tag{8—6}$$

式中，FO_t 表示第 t 期养老保险基金支出，RP_t 表示第 t 期退休参保人数，OP_t 表示第 t 期人均养老保险金支出。

（一）退休参保人数预测

对于第 t 期养老保险基金支出 FO_t，采用如下方法测算：

$$FO_t = FO_{t-1} + NR_t - DR_t \tag{8—7}$$

式中，NR_t 表示第 t 期新增退休参保人数，DR_t 表示第 t 期死亡退休参保人数。

当期新增退休参保人数 NR_t 的计算方法为：

$$NR_t = NRP_t \times rpr_t \tag{8—8}$$

式中，NRP_t 表示第 t 期新增退休人数，rpr_t 表示当期新增退休人员参保率。由于不同年龄参保率差别很大，根据前文的研究可知，高龄人员拥有比年轻人更高的参保率，所以要对不同年龄的退休人员采用不同的参保率。由于男、女退休年龄的差异，所以要分性别估算新退休年龄参保率。以男性为例，退休年龄人口的参保率可以用如下方式近似估算：

$$mpr_{t,61} = rpr_{t-1} + \left(\frac{WP_{t-1}}{EP_{t-1}} - \frac{WP_{t-2}}{EP_{t-2}}\right) \tag{8—9}$$

式中，WP_{t-1} 表示第 $t-1$ 期在职参保人数，计算方法见式（8—2），EP_{t-1} 表示第 $t-1$ 期经济活动人口，可以根据分年龄人口预测数据计算得到。女性退休年龄人口参保率也可以采用类似方法计算得到。

当期死亡退休参保人数 DR_t 的计算方法为：

$$DR_t = \sum_{r=56/61}^{101} DRP_{t,r} \times drp_r \tag{8—10}$$

式中，r 表示年龄，$DRP_{t,r}$ 表示第 t 年 r 岁退休年龄人口死亡人数，drp_r 表

示第 r 岁退休年龄人口的参保率，drp_r 可以根据式（8—9）所计算的各年男性（女性）退休年龄人口参保率 $mpr_{t,61}$ 和 $wpr_{t,56}$ 推算得到。

以上公式需要采用分性别、分年龄人口参保率等数据以递推方式进行测算。表 8—8 给出了各期退休年龄人口以及所计算的当期退休参保人数。

表 8—8　　2012—2050 年退休年龄人口预测　　单位：万人

年份	新增退休年龄人口	死亡退休年龄人口	退休年龄人口	退休参保人数
2012	1 467	776	21 201	7 224
2013	1 663	801	22 062	7 729
2014	1 542	828	22 776	8 156
2015	1 439	855	23 360	8 512
2016	1 526	881	24 005	8 912
2017	1 320	909	24 416	9 172
2018	1 829	935	25 310	9 746
2019	2 067	965	26 412	10 467
2020	1 710	996	27 127	10 942
2021	1 798	1 023	27 902	11 465
2022	1 646	1052	28 496	11 872
2023	1 936	1 081	29 352	12 467
2024	2 511	1 114	30 749	13 453
2025	2 217	1 155	31 810	14 213
2026	2 383	1 194	33 000	15 076
2027	2 246	1 234	34 012	15 820
2028	2 089	1 276	34 825	16 426
2029	2 301	1 314	35 813	17 171
2030	2 146	1 356	36 603	17 774
2031	2 201	1 399	37 405	18 393
2032	2 044	1 442	38 007	18 863
2033	1 908	1 489	38 427	19 194
2034	1 901	1 531	38 796	19 489
2035	1 867	1 573	39 091	19 726
2036	1 761	16 14	39 238	19 846
2037	1 758	1 649	39 347	19 935
2038	1 827	1 684	39 491	20 054
2039	1 717	1 715	39 493	2 0056
2040	1 723	1 742	39 475	20 041

续前表

年份	新增退休年龄人口	死亡退休年龄人口	退休年龄人口	退休参保人数
2041	1 701	1 770	39 406	19 983
2042	1 861	1 796	39 472	20 039
2043	2 171	1 826	39 816	20 336
2044	1 962	1 855	39 923	20 429
2045	1 999	1 878	40 043	20 534
2046	2 043	1 899	40 187	20 661
2047	1 883	1 917	40 153	20 631
2048	1 954	1 933	40 174	20 650
2049	1 844	1 948	40 071	20 556
2050	1 804	1 958	39 916	20 417

（二）基本养老保险基金支出预测结果

2011 年全国基本养老保险基金支出12 765亿元，人均养老保险基金支出18 336元/人·年。假定未来养老保险基金人均支出水平保持不变，表 8—9 给出了未来基本养老保险基金支出的预测结果。从表中可以看出，未来随着人口老龄化的加速，养老保险基金支出将不断增长，在 2046 年将达到峰值37 884亿元。

表 8—9　　基本养老保险基金支出预测　　单位：亿元

年份	基金支出	年份	基金支出	年份	基金支出
2012	13 245	2025	26 061	2038	36 772
2013	14 172	2026	27 644	2039	36 775
2014	14 955	2027	29 008	2040	36 747
2015	15 608	2028	30 118	2041	36 640
2016	16 341	2029	31 484	2042	36 743
2017	16 817	2030	32 590	2043	37 288
2018	17 871	2031	33 725	2044	37 458
2019	19 192	2032	34 586	2045	37 651
2020	20 063	2033	35 194	2046	37 884
2021	21 022	2034	35 735	2047	37 829
2022	21 768	2035	36 170	2048	37 863
2023	22 859	2036	36 389	2049	37 692
2024	24 667	2037	36 553	2050	37 437

(三) 基金收支缺口预测

表8—10给出了在没有财政补贴的情况下2012—2050年基本养老保险金收支年结余的预测结果。从表中可以看出，如果不考虑工资增长、养老金待遇提高等因素的变化，也不考虑财政对养老保险基金的补贴，基本养老保险基金在2015年以前可以实现收支平衡并略有结余。但随着老年化趋势的到来，2016年之后我国养老保险基金将收不抵支，必须依靠以前年度的积累或者财政补贴才有可能实现平衡，而且随着老龄化的加剧，基金收支缺口将加速扩大。

表8—10 **基本养老保险基金年度结余** 单位：亿元

年份	收支结余	年份	收支结余	年份	收支结余
2012	1 150	2025	—6 108	2038	—12 610
2013	670	2026	—7 354	2039	—12 369
2014	343	2027	—8 360	2040	—12 115
2015	125	2028	—9 092	2041	—11 786
2016	—166	2029	—10 118	2042	—1 1707
2017	—126	2030	—10 870	2043	—12 143
2018	—738	2031	—11 677	2044	—12 169
2019	—1 654	2032	—12 201	2045	—12 232
2020	—2 077	2033	—12 470	2046	—12 352
2021	—2 603	2034	—12 693	2047	—12 153
2022	—2 900	2035	—12 824	2048	—12 063
2023	—3 585	2036	—12 743	2049	—11 743
2024	—5 075	2037	—12 631	2050	—11 331

注：本表中基金收支缺口不考虑财政补贴收入。

四、基金收支缺口及敏感性分析

为了分析不同的扩面方案对基金收支的影响，我们对政府基本养老保险扩面力度做了如下3个方案设定：

方案一：基本养老保险参保率一直保持在2011年56.6%的水平不变。

方案二：基本养老保险参保率按照 2%的速度递增，到 2028 年达到 90%[①]后保持不变。

方案三：政府做出更大努力来提高养老保险参保率，每年按 5%的速度递增，到 2018 年达到 90%后保持不变。

图 8—3 对 3 个方案条件下，基本养老保险基金收入年度结余或缺口结果进行了比较。从图中可以看出，无论采用哪种扩面方案，未来都将不可避免地出现基金收不抵支问题。从时间上比较，方案一将最早出现收支缺口，方案三虽然能够延缓收支缺口出现的时间，但其在未来的支付压力也将比另外两个方案更加严峻。另外，从图中可以看出，如果以缓解 2010—2050 年基金缺口为目标，则方案二要显著优于方案一。

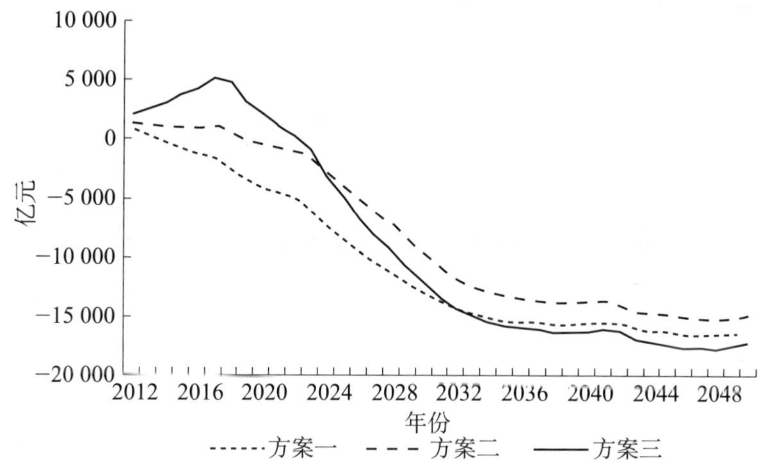

图 8—3　不同扩面方案下基本养老保险基金年度结余

图 8—4 给出了不同扩面方案下基本养老保险累积基金收支缺口。每年财政补贴按 2011 年2 272亿元的规模计算。从图中可以看出，无论采用哪种扩面方案，未来都将出现巨大的累积缺口。在方案一的扩面速度下，

① 将参保率上限设定为 90%的原因是为了与全面建设小康社会目标一致，且 OECD 目前平均的养老保险覆盖率水平也是 90%。

2027年累积结余开始不足以支付基金开支，到2050年累积缺口达到30.4万亿元；在方案二的扩面速度下，2033年累积结余开始不足以支付基金开支，到2050年累积缺口达到20.7万亿元；在方案三的扩面速度下，2034年累积结余开始不足以支付基金开支，到2050年累积缺口达到23.9万亿元。

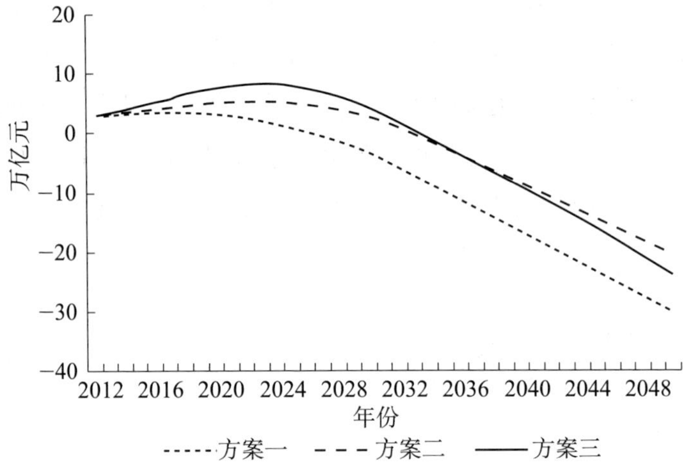

图8—4　不同扩面方案下基本养老保险基金累积结余

第九章

扩大养老保险覆盖面的政策建议

考虑到我国城乡差异、区域差异、所有制差异、历史遗留差异等现实因素，应该遵循“广覆盖、低水平、多层次、可持续”的思路，逐步建立由城镇为主向城乡统筹、由职工向居民、由单一支柱向多层次体系转移的养老保险体系。同时结合发展现状与未来目标，提出剥离城镇职工养老保险的“历史负担”、解决碎片化问题、完成转移衔接机制、提高基金统筹层次等改革措施。

一、中国养老保险体系构建总体思路

建立广覆盖、有差别、多支柱的城乡养老保险体系，实现“老有所养”是我国养老保险改革的最终目标。从长期来看，则要建立一个城乡统一的二维养老保障体系：第一体系是职工养老保险：针对收入达到一定水平的雇员与自雇人员，采用强制方式建立缴费型高保障的养老保险制度；第二体系是国民养老保险：为没有参加职工养老保险的低收入居民提供非缴费、低待遇的养老保险项目。

在构建我国养老保险体系的过程中，现阶段应当针对不同人群劳动关系的特征，设计适合不同人群的制度，用适度集中、有序组合的多元制度安排，覆盖全体国民。郑功成（2010）认为，从现在起，应当避免养老保险制度的碎片化现象，停止对各个群体养老保险制度的实验，在国家统一制度安排下，设计有序组合的多元养老保险制度，包括公职人员养老保险制度、职工基本养老保险制度和城乡居民老年津贴制度在内的基本养老保险体系，覆盖全体国民。

图 9—1 给出了养老保险制度目标框架。

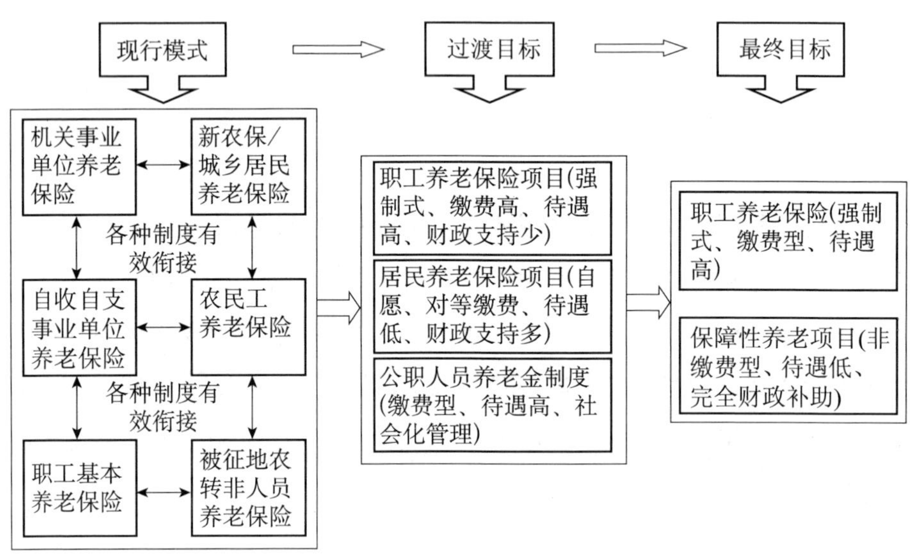

图 9—1　养老保险制度目标框架

本书提出了我国养老保险改革分三步走战略，最终建立职工养老保险和保障性养老项目两大体系。由现行模式向最终目标过渡的具体步骤包括：

第一步：完善现行模式下各种类型养老保险制度的衔接机制（2012—2015 年）。

具体内容包括：（1）按照《社会保险法》的规定，农民工应该参加基本养老保险，所以要停止各地方的农民工养老保险办理，将农民工纳入基本养老保险范畴，同时要制定原农民工养老保险与基本养老保险以及新农保的转移衔接办法；（2）要尽快出台新农保与基本养老保险的衔接政策；（3）取消各地方自收自支事业单位养老保险制度，将其纳入统一的基本养老保险范畴；（4）随着新农保的推行，可以取消专门的被征地农转非人员养老保险办法；（5）建立机关事业单位与新农保的衔接机制；（6）统一合并新型农村居民养老保险与城镇居民养老保险制度，减少制度的碎片化。

第二步：建立以缴费方式分类的过渡目标（2015—2030 年）。

改变现在以人群分类的养老保险制度，建立以缴费方式分类的养老保险体系。具体改革内容包括：（1）将机关事业单位纳入基本养老保险范围，实行统账结合的养老保险制度；（2）以强制方式，将所有职工纳入缴费与保障水平都相对较高的基本养老保险范围；（3）非正规就业人员、失业人员和自雇人员可自愿参保，但费率要和职工参保统一；（4）建立低缴费、低保障水平的国民养老保险项目，所有未参加基本养老保险的城乡居民可自愿参保，按照对等缴费原则给予财政补助；（5）对于因经济条件困难未参加任何养老保险项目的特殊人群，由财政出资给予养老补助。

第三步：实现二维养老保险制度的最终目标（2030—2050 年）。

在老龄化高峰期过后，人口年龄结构将趋于稳定，这时可以借鉴现行西方发达国家的经验，建立职工与国民二维养老保险制度：（1）职工养老保险制度是在原来基本养老保险制度基础上，针对所有收入达到一定标准的从业人员以及自雇人员，建立强制式、缴费型、待遇高的养老制度，同时用财政收入给予部分补贴；（2）对不符合职工养老保险参保条件的国民，建立低水平的保障性养老制度，由财政全额资助，为所有国民提供基本保障。

二、中国养老保险体系改革政策建议

养老保险体制改革是一项系统性工程。由于我国存在城乡差异、区域差异、所有制差异等现实问题，以及各种历史遗留问题有待解决，因此养老保险改革需要遵循一个循序渐进的过程。根据前文的研究，我们认为短期内需要推进的改革措施包括：

（一）解决历史负担，降低财务风险

从收付实现制向半积累制转变，必然产生相应的转轨成本，隐性债务问题已经是制约我国职工基本养老保险制度改革和发展的瓶颈。因此，在不损害现有参保人员利益的基础上，应当建立财政主导下的政府、企业和个人责任分担机制，逐步化解转轨成本。明确财政补助资金的性质、规模和用途，使政府隐性债务变为显性债务，通过划拨国有资产收益等方式，拓宽转轨成本化解渠道。

1. 转轨成本对养老保险发展的制约

转轨成本是养老保险制度由国家保障的现收现付制向统筹结合的半积累制转变产生的必然结果。在制度转轨过程中，为了维护参保人的合理利益、保证制度公平，对于制度中的“老人”和“中人”的利益通过“视同缴费年限”的方法确认，但是相应的资金却一直没有落实。在现行制度运行过程中，历史转轨成本与当期养老保险基金混为一体，导致这类成本隐性化，并由此产生了一系列问题：一是导致当前参保人和企业过高的费率水平，侵害了“新人”的利益，降低了职工参保积极性，导致了养老保险覆盖率低。根据测算（郑功成，2010），在不考虑转轨成本并实现全国统筹的情况下，统筹账户只需要15%的缴费率就可以维持资金平衡，但由于要解决制度转轨产生的隐性债务问题，导致目前养老保险统筹费率高达20%，加重了企业与职工的养老保险负担。二是导致养老金个人账户“空账”运行问题。由于转轨成本一直未能彻底解决，现阶段统筹账户基金支付压力增大，在没有其他资金来源的情况下，只能挪用个人账户的养老金。个人账户的“空账”运行，使得养老金统账结合模式的功能无法充分发挥。

2. 确立责任分担的转轨成本解决机制

转轨成本应该在政府主导下，由政府、企业和参保者个人共同分担。虽然从理论上说，政府作为制度主导者，应该承担制度转轨的主要责任，但是从实际操作来看，由政府、企业、个人三方分担责任则更加可行。根据对职工基本养老保险制度的设计，在统筹账户缴费率为15%即可维持制度自我平衡的情况下，将目标缴费率确定为17%，并且采取逐步降低的措施，就是充分考虑了由企业和个人承担部分转轨成本（郑功成，2010）。同时，自制度转轨以来，参保者较高的缴费率实际上已经化解了部分转轨成本。因此，政府应当承担起化解剩余转轨成本的主要责任。

在明确了转轨成本应该由政府承担主要责任的前提下，还应当进一步明确中央政府和地方政府在转轨成本化解中的责任分担机制（杨方方，2005）。合理的方式是，根据转轨前企业的归属情况决定各级财政分担比例，转轨前中央企业职工的转轨成本由中央财政承担，地方企业职工的转轨成本由地方财政承担。在操作时，由地方政府与中央政府根据统一的规划，并结合目前的财政状况，协商确定、确保责任合理分担。

3. 将隐性债务转为显性债务

目前，各级政府对养老保险基金缺口的补助，除因统筹层次低而导致基金无法调剂使用外，实质上也承担了化解转轨成本的作用，但财政补助并没有明确资金的性质，混淆了财政在历史上的雇主责任和在现实中的公共财政责任。因此，应该尽快明确财政资金对转轨成本的责任，使财政补助从暗补转变为明补，在清偿历史欠账的同时，维持新制度的顺利运行。一方面，应该通过国有资产收益分配途径来化解转轨成本。在养老保险制度改革之前，职工个人养老保险权益的积累都转变成了国有资产的积累，所以，应当划拨部分国有资产收益，用于化解转轨成本。另一方面，转轨成本的化解不应当损害现行制度参保人员的利益。根据预测，在实现全国统筹、延长退休年龄等政策推动下，基本养老保险基金可以维持自我平衡（郑功成，2010）。动用现行制度参保人员的缴费用于化解转轨成本，虽然可以减轻当期财政资金的压力，但必将引致未来更加沉重的财政压力。

（二）合理设计制度，增强制度吸引力

1. 职工基本养老保险制度改革建议

（1）调整费率水平与缴费基数。

针对基本养老保险费率偏高的问题，应该在由国家财政出资化解养老保险隐性债务的前提下，根据统筹账户收支平衡的目标，适当下调基本养老保险的缴费比例，把养老保险费率总体水平下调到23%左右，统筹账户的费率水平下调到15%，个人账户费率水平保持在8%。同时，将职工工资基数标准调整为依城镇在岗职工（包括私营经济职工）平均工资设定缴费基数，解决以公有制经济在岗职工平均工资为基础导致的缴费基数虚高问题。为了保证制度前后连贯，应该同时调整最高和最低缴费基数，最低缴费基数可以按城镇职工平均工资的40%设计，而最高缴费基数可以设计为城镇职工平均工资的8倍。

（2）延长退休年龄。

为了应对人口老龄化带来的养老金支付危机，大多数国家都选择了提高退休年龄的做法。许多国家的法定退休年龄由现在的60岁，逐渐延长至65岁或67岁。为了降低抚养比，减轻养老保险金的支付压力，我国也可以考虑逐步提高退休年龄。首先，要逐渐取消特殊工种提前退休的规定。随着科学技术的发展，原有的特别繁重的体力劳动已被机械化、自动化的生产方式所取代，工作环境大为改善，有关特殊工种提前退休的合理性在很大程度上已不复存在（张松，2009）。部分办理了提前退休的职工往往是退而不休，在一定程度上加剧了劳动力市场的供求矛盾。其次，统一男女退休年龄。先将男女职工的退休年龄统一为60岁。男女同时退休，是世界上大多数国家的普遍做法。资料显示，在明确规定退休年龄的170

个国家当中，共有103个国家的男女退休年龄相同（郭磊，2010），并且现代科学技术的发展使得工作条件发生了重大改善，男女职工之间因为体力的差异所形成的劳动生产率的差异日益缩小。相反，由于女职工受教育水平的提高，其与男性职工在多数工作岗位上的劳动生产率已无重大的差异，提高女性退休年龄不会给企业带来损失。男女职工同时退休，将使男女职工的缴费工资和缴费年限趋于一致，从而实现男女职工之间养老保险待遇的平等。

2. 居民养老保险制度改革建议

（1）改固定缴费为动态缴费方式。

首先，鉴于已经推行的居民养老保险采取了固定额度的缴费方式，因而可以以第一年的缴费数额为基数，每年的费基按城乡居民人均收入的增速递增，从而在基本不增加参保人负担的情况下，保证对制度的供款能力，避免居民养老保险个人账户积累基金累退式增长。其次，对于缴费起点年龄较高的参保人员应该要求其参与较高档次的缴费标准，从而使得居民养老保险制度能真正保障其年老后的生活。同时，为了体现政府补助的公平性以及激励效果，应该对不同参保档次居民给予不同的补助标准，对参加较高档次的参保人给予更高的缴费补助。

（2）建立养老金动态调整机制。

首先，基础养老金应与低保水平挂钩，逐年调整，不应低于农村最低生活保障标准。同时，在基础养老金部分附加激励养老金，这部分养老金的水平与个人缴费基数、缴费年限挂钩，以激励参保人根据自身能力选择更高档次参保，并尽可能延长缴费年限。其次，设立更加灵活的弹性领取年限。允许参保人根据自己的安排，选择开始领取养老金的初始年龄，并参照城镇职工基本养老保险中个人账户养老金的领取时间规定，制定相应的计发月数。领取年龄越高，缴费年限越长，领取的基础养老金和个人养老金水平都越高，从而激励参保人延长缴费时间。

（3）提高居民养老保险基金的增值能力。

鉴于新农保制度个人账户的设计属于完全积累的基金管理模式，因而有必要也完全有可能对基金运营制定长期投资计划。提高基金管理层次，尽快推行由省级部门统一管理的居民养老保险个人账户基金，以确保地方政府的缴费补贴到位以及基金安全。在保证基金安全的前提下，结合农村的情况，按一定比例安排居民个人账户积累基金，进行类似于在新疆呼图壁县以及四川通江等地试点成功的“养老证质押贷款”等稳健投资行为（刘吕平等，2008；唐钧，2010），从而增强基金保值增值的能力。

3. 科学合理地设计制度，减少碎片化

明确一体化改革目标，解决碎片化问题，减少养老保险制度的人群差异，归并已有养老项目，减少地方政府的自主权，制定更多的全国统一标准。具体的措施包括：归并或取消各地方独立的农民工养老保险、自收自支事业单位养老保险；合并新型农村养老保险制度与城镇居民养老保险制度，统称为居民养老保险制度。在居民养老保险制度全面覆盖后取消被征地农转非人员养老保险政策；出台居民养老保险与基本养老保险及机关事业单位养老保险的衔接办法；推进机关事业单位养老保险制度改革；逐步统一各省的基本养老保险与居民养老保险政策，实施全国统一的居民养老保险制度，避免制度区域差异产生的碎片化与机制衔接问题。

（三）提高统筹层次，缩小区域差距

1. 推进基本养老保险基金全国统筹

推行的基本养老保险全国统筹只是中国养老保险制度改革和体系建设的一个部分，在目前各区域之间的明显差异和业已形成的地方利己主义行为，已严重阻碍了基本养老保险统筹层次的提高。笔者结合已有的研究成果（李雪，2011），对基本养老保险基金全国统筹提出了如下建议：

（1）改变养老金计发方案。

在我国各地区在岗职工平均工资差距很大的情况下，如果为了实现基

本养老保险全国统筹，基本养老金计发基数按全国在岗职工平均工资和本人指数化平均缴费工资的平均值来计算，那么可能会引起较大幅度的地区间收入再分配，会直接影响到职工退休后的基本养老待遇水平，对经济发展水平较高的地区和职工来讲，会直接导致利益的损失，从而不利于全国统筹的实现和各地区间协调发展（林治芬，2002）。为了使基本养老保险既能顺利实现全国统筹，又不影响各地区间的发展，建议短期内各省的缴费基数还是以各省的职工平均工资为基础计算。

（2）科学划分中央与地方养老保险责任。

中央与地方基本养老保险责任应遵循以下原则：有利于新旧制度断开和固化历史债务，促进新制度成长并使其具有可持续性；有利于中央政府与地方政府的财力平衡，做到权责分明，平衡中央政府和地方政府的利益，减少政策执行阻力，提高政策效果（鲁全，2011）。应合理划分中央与地方基本养老保险责任，解决基本养老保险基金法律责任不清、对历史责任的认定和落实不到位等问题。

（3）合理调节各地区基金结余。

各地区基金结余在合理安排一定时期的支付需求外，全部用于做实个人账户，对于基金结余不足的地区，其个人账户做实问题可以制订阶段性计划并按照一定比例由中央政府与地方政府分担负责方式逐步解决。在做实个人账户问题上中央政府应适当考虑各地区的经济发展水平与财政承受能力，与地方政府按一定比例来分担做实个人账户的补贴（许淑君，2004）。由中央负责的部分，中西部地区、老工业基地应相对高些；而东部发达地区可以相对低些。

2. 逐步提高居民养老保险基金统筹层次

《国务院关于开展新型农村社会养老保险试点的指导意见》（国发［2009］32号）中指出："试点阶段，新农保基金暂实行县级管理，随着试点扩大和推开，逐步提高管理层次；有条件的地方也可直接实行省级管理。”遵循该指导意见，绝大多数试点地区都实施了县级统筹。县级政府负担起了新农保经办、管理、监督的主要工作。较低的统筹层次导致基金互剂、基金保值增值、参保人员流动的困难。当前处于试点阶段的新农保制度，面临着应该由哪个行政层级来主管，以及需要在多大范围内分散风险等问题，即统筹层次的问题。为了解决新型农村社会养老保险试点实施过程中，由于统筹层次而引起的不利于基金调剂，不利于基金安全与保值增值，不利于参保人员的合理流动等方面的问题，结合国内现有研究成果，借鉴城镇养老保险工作中积累的提高统筹层级的经验，新型农村社会养老保险和城镇居民养老保险提高统筹层次的目标应该是以“统一政策、分级实施；统一预算、分级调剂；统一考核、属地管理”为原则的全国统筹（郑功成，2010）。

（1）统一政策、分级实施。

统一政策是指由人力资源和社会保障部制定全国统一的城乡居民社会养老保险政策，各省、市、县级主管部门未经批准不再对政策进行调整。试点阶段，各地对城乡居民养老保险政策的制度调整集中在缴费标准、补贴形式、养老金水平及特殊人群的保障等方面，所涉及的问题具有一定的普遍性，只是试点时期各地的重视程度和调整方法不同（龚秀全，2007）。在现阶段试点的基础上，从保障人群、缴费、待遇等多方面完善和细化城乡居民养老保险政策，合理确定统一与灵活性之间的结合点。实施居民养老保险全国统筹是不可能一蹴而就的，必须分阶段、分步骤实施。众多学者指出，虽然居民养老保险不需要走城镇基本养老保险县级统筹到省级统筹，再到全国统筹的老路，但目前居民养老保险制度在覆盖对象、保费收取、待遇支付、业务经办等方面与其他社会保障项目之间存在着交叉或者冲突的情况，有些具体问题还需要通过进一步试点才能完全暴露出来，全国统筹并不是居民养老保险的唯一目标，应当在充分跟踪试点动态的基础上适时提高统筹层次。

（2）统一预算、分级调剂。

统一预算是指在《社会保险基金财务制度》有关基金预算的基础上，研究细化城乡居民养老保险基金预算编制、执行和审批的原则、范围、方法和程序等，建立规范和统一的居民养老保险基金预算制度，逐步推动居民养老保险基金预算工作。分级调剂是国家居民养老保险管理机构通过征集调剂金的方式缴纳养老后备金；省级社保管理机构负责各市、县的基金调剂和管理部分后备金。在结余基金留存比例上实施历年结余和当年超计划征收结余的70%留归各省市（郑功成，2010），30%上缴作为全国调剂金。在调剂方式上采用预算内缺口从国家调剂金划拨弥补；预算外缺口，经国家批准可动用当地部分结余基金弥补，仍有缺口的由同级财政安排解决。

（3）统一考核、属地管理。

国家居民养老保险管理机构对全国社保经办机构的业务进行统一考核。在经费管理方面，实行国家统一监管，各级经办机构分级负责；在组织管理方面，需对全国各级社保经办机构招聘各个岗位的工作人员，在学历、工作经验、年龄限制等方面制定统一标准，而机构、人员、干部管理仍由各省级部门管理（李雪，2011）。

（四）完善衔接机制，解决制度破碎

养老金制度的转移接续问题是直接关系到养老保险制度覆盖面扩大的关键因素。近年来，国家连续出台了《事业单位工作人员养老保险制度改革试点方案》、《农民工参加基本养老保险办法》、《新型农村居民养老保险试点的指导意见》、《城镇居民社会养老保险试点的指导意见》，这些政策健全了我国养老保险体制，使养老保险对所有人群在制度上实现了全覆盖，但由于多种制度并存，导致了养老保险制度“碎片化”问题严重。由于我国区域差距、城乡差距大，目前要实施全国统一的国民养老保险体系不现实，因此，能否在不同制度之间建立转移接续通道并实现跨地区转

移，是决定养老保险制度城乡统筹和可持续发展的关键。目前，部分省市已经建立了城镇职工基本养老保险与新农保的衔接机制，有的省份（如北京、重庆等）把新农保与城镇居民养老保险统一为城乡居民养老保险，有效地避免了城镇居民与农村居民养老保险转移接续问题，实现了城乡统筹发展。近几年，养老保险制度整合的关键在于建立城乡居民养老保险、职工基本养老保险与机关事业单位养老保险的相互衔接机制。要在明确一体化改革目标的基础上，逐步解决碎片化问题，减少养老保险制度的人群差异，归并已有养老项目，减少地方政府的自主权，制定更多的全国统一标准。具体的措施包括：归并或取消各地方独立的农民工养老保险、自收自支事业单位养老保险；在新农保全面覆盖后取消被征地农转非人员养老保险政策；出台新农保与基本养老保险及机关事业单位养老保险的衔接办法；推进机关事业单位养老保险制度改革；实施养老保险基金全国统筹，逐步统一各省的基本养老保险政策。

为了防止由于各地区之间转移衔接机制不同而产生新的制度碎片化问题，建议国家出台统一的各类养老保险制度转移衔接办法。基本思路是，首先，城乡居民养老保险实行完全的个人账户，参保对象进入职工基本养老保险体系时，按照缴费记录，将个人、集体缴费部分划入职工基本养老保险个人账户，将政府缴费部分划入相应的统筹账户，并根据职工基本养老保险与城乡居民养老保险缴费基数的差别计算视同缴费年限，从而实现城乡居民养老保险与职工基本养老保险的有效衔接（白维军，2009）。其次，对于职工基本养老保险的参保对象转入城乡居民养老保险的情况，其个人账户资金全部转入个人账户，而统筹账户资金按一定的比例划入个人账户，实现职工基本养老保险向城乡居民养老保险的转移衔接。由于各地区都已经有了现成的机关事业单位养老保险与职工基本养老保险的衔接办法，所以下一步的工作是要在全国建立统一的机关事业单位养老保险与职工基本养老保险的衔接制度。对于城乡居民养老保险与机关事业单位养老保险的衔接，可以以职工基本养老保险为中介进行换算。

（五）明确政府责任，理顺财权关系

养老保险制度改革的最终目标是建立以缴费型养老保险制度为核心的具有中国特色的多层次养老保障体系，实现人人老有所养，并确保人们老年的生活质量。为了顺利推进养老保险制度改革，就必须建立有利于调动各级政府部门积极性的权责机制，设计一套事权明确、财责清晰的权责分配体系。

1. 建立完善的养老保险基金预算管理权责体制

财政养老是中央与地方养老保险制度关系的核心内容。随着社会保险基金预算管理办法的实行，中央与地方之间的财政关系主要通过预算管理来调节。因此，应当尽快建立和完善养老保险基金的预算管理体制，明确在预算编制、执行和决算过程中中央政府和地方政府的权利与责任（鲁全，2011）。在基本养老保险实行全国统筹的背景下，应当由地方政府提供相关的数据，由中央政府统一编制养老保险基金收支预算，并监督地方政府对预算的执行。

2. 建立当期养老金支付缺口的财政分担机制

随着人口老龄化的来临，养老保险的支付风险不断增加，因此，要求中央与地方应当合理分配当期养老金缺口的补贴责任。同时，还需要明确中央与地方在公职人员养老金制度、城乡居民养老保险制度中的支出责任。

3. 建立基本养老保险的垂直经办体制

基本养老保险垂直经办体制是由养老保险本身的内在属性决定的。为了适应人口流动的需要以及提高基金的使用效率，基本养老保险制度必须实行全国统筹，这就需要对养老保险基金进行统一预算管理，以实现不同地区之间的互济平衡，协调不同老龄化程度造成的基金支付压力（宋马林，2010）。垂直经办体制有利于养老保险制度的独立运行和自我平衡，

有利于推进养老保险政策的顺利实施与有效监督。

4. 建立养老保险基金投资管理体制

虽然目前制度规定由省级社会保险经办机构负责养老保险基金的投资运营，但从实践情况看，全国社保基金的投资收益率要远远高于其他社保基金的投资收益率，因此可以探索养老保险基金（包括各类养老保险基金甚至其他社会保险基金）的委托管理机制，各地区的基金统一由全国社会保障基金理事会负责运营，甚至部分地区在基金收不抵支时，可以向全国社保基金进行借贷（郑秉文，2009）。这就需要建立一套中央与地方社保基金的投融资体制，明确中央政府与地方政府在基金投资运营中各自的权利与责任。

三、中国养老保险改革的配套措施

（一）提高经办机构服务能力

建立全国统一规范的社会保险经办机构，打造一个集养老、失业、医疗、工伤、生育等社会保险经办业务于一体，从中央到乡镇基层并延伸到农村代办网点的相对独立、层级简化、职责分工合理的社保经办体系，以减少信息分散、重复核对以及信息交换传递的风险，以资金管理和待遇给付统一为原则设立机构和设置业务流程。同时，加快信息化、标准化建设，提高经办机构的依法服务水平和服务能力。通过信息技术手段的采用，提高经办机构的服务能力和效率，促进经办管理服务的统一化、数字化和标准化。

（二）建立财政正常投入机制

1. 加大财政资金投入

近几年，财政支出用于社会保障的资金逐渐增加，但尚不能满足社会保障的实际需要。应该积极调整财政支出结构，压缩部分行政事业性经费支出，增加社会保障资金。预算超收的财力，除了保证法定的支出外，主要用于补充社会保障资金，逐步将社会保障支出占财政支出的比重提高到15%～20%（林治芬，2006）。要重点落实各级财政对养老保险基金的收支缺口以及做实企业职工基本养老保险个人账户补助资金；探索建立参保农民直接补贴的财政支持机制；明确各级财政对各项社会保险基金平衡的责任；将社会保障的补助纳入财政预算，建立和完善社会保障基金预算体系；确立优先安排社会保障资金的机制，确保居民的保障权益。

2. 加强对用人单位和个人的社会保险征缴力度

明确政府在社会保险制度建立和扩面征缴工作中的责任和义务，加大对各级政府的社会保险征缴考核力度。强化企业参保的法律责任意识，加大促进中小企业，特别是非公有制企业参保力度，全面落实企业和个人的责任。加大社会保险费征收和劳动保障督察力度，促使用人单位依法及时履行参保义务。强化个人参保意识，尽量扩大参保面。

3. 多渠道筹措社会保障资金

积极发展企业年金，进一步丰富养老保险体系。具备条件的企业可为职工建立企业年金，实行完全积累，采取市场化的方式进行管理和运作。同时切实做好企业年金基金监督管理，实现规范运作，切实维护企业和职工的利益。国有资产是全体人民的劳动积累，变现部分国有资产，用于弥补社会保障基金的不足，是取之于民、用之于民之举（路军，2006）。此外，还可探索其他一些方式，多方面筹措社会保障资金，如划拨土地流转收益、发行养老保险长期国债、发行社会保险福利彩票等。

（三）建立风险规避机制

建立社会保障风险预警机制，创设社会保障风险预警系统，预测潜在风险，采取有效防范措施，建立柔性调节机制，防范未来给付风险。在制度实践中，应渐进推行，先试点，边总结，边推广，协调制度扩面、基金积累和基金安全的关系。在基金筹集方面，开辟多元化资金来源渠道。在财政投入方面，应建立社会保障资金优先安排机制，设立风险储蓄基金，加强社会保障基金积累，积极应对人口老龄化、城镇化的压力（林义等，2004）。在基金管理方面，应加强社会保障资金监督管理，确保社会保障资金安全有效，实施多元化的投资策略，确保基金保值增值。在基金给付方面，财政量入为出，制定严格的给付条件，确保资金效应最大化。统筹账户和个人账户应采用不同的投资策略。统筹账户资金只能用于银行存款和特种国债，个人账户资金可以实行市场化投资，可采用信托制投资管理办法等。

（四）发挥社区养老功能

老年人口中的大多数已从过去的劳动岗位上退下来，活动范围在缩小，因此社区成为其活动的基本区域。可以在社区开设老人“日托”服务站，经费来源于政府公共服务购买和个人缴费等。社区养老服务包括提供家务劳动、家庭医疗保健、老人照料、护理等。国外的实践证明，社区养老的独特优势，既适应了市场经济的要求，又补充了家庭结构变化后单纯由家庭养老的不足。

参考文献

［1］白维军．我国养老保障的“碎片化”制度整合．社会保障研究，2009（4）

［2］柏满，雷黎．中国养老保险隐性债务未来规模的预测．数理统计与管理，2008（2）

［3］毕小龙．中国社会养老保险制度．广州：暨南大学出版社，2009

［4］蔡小慎，张瑞丽．我国基本养老保险水平地区差异的影响因素之实证分析．大连理工大学学报（社会科学版），2009（3）

［5］陈雷，孙国玉．扩大覆盖面与养老金三元悖论：经验与理论分析．首都经济贸易大学学报，2011（3）

［6］丁煜．新型农村社会养老保险制度的缺陷与完善．厦门大学学报（哲学社会科学版），2011（5）

［7］杜邢晔．社会养老保险覆盖率文献综述．生产力研究，2008（3）

［8］封铁英，李梦伊．新型农村社会养老保险基金收支平衡模拟与预测——基于制度风险参数优化的视角，2010（4）

[9] 封铁英，刘芳，段兴民．城乡社会养老保险政策地区差异评析．中国人力资源开发，2008（4）

[10] 封铁英，刘芳．城镇企业职工基本养老保险基金支付能力预测研究．西北人口，2010（2）

[11] 龚秀全．中国基本养老保险全国统筹的制度转换成本与路径研究．社会保障研究，2007（6）

[12] 郭磊．人口老龄化与养老保险金供求平衡研究——以北京为例．北方交通大学硕士论文，2010

[13] 韩伟．中国统筹养老金适度调整指数分析．财政研究，2007（4）

[14] 胡晓义．论进一步扩大养老保险覆盖面．中国社会保障，2002（2）

[15] 雷根强，苏晓春．财政利益分歧与中国养老保险制度变迁．当代财经，2008（7）

[16] 李长远．我国农村社会养老保险制度“碎片化”路径依赖及对策．社会保障研究，2010（3）

[17] 李雪，陈元刚．我国基本养老保险实现全国统筹的方案设计．经济问题探索，2011（1）

[18] 林怀宇．养老保险主要模式典型国家改革研究．复旦大学学位论文，2008

[19] 林治芬．中国社会保障的地区差异及其转移支付．财经研究，2002（5）

[20] 林治芬．中央与地方养老保险责任划分模式设计．财贸经济，2006（6）

[21] 刘昌平，殷宝明，谢婷．中国新型农村社会养老保险制度研究．北京：中国社会科学出版社，2008.

[22] 刘华，张昱宇．扩大基本养老保险覆盖面问题的思考．工会论坛，2006（2）

[23] 刘军伟．基于理性选择理论的农民工参加新型农村养老保险制度影响因素研究．浙江社会科学，2011（4）

[24] 刘晓梅．中国农村社会养老保险理论与实务研究．北京：科学出版社，2010

[25] 刘燕斌．各国社会保险费率比较．中国社会保障，2009（3）

[26] 鲁全．基于中央地方关系的养老保险政策议程模式研究．中国人民大学学报，2011（3）

[27] 路军，唐磊．当前我国养老保险基金面临的财务危机及其对策研究．山东经济，2006（9）

[28] 吕学静，王增民．对当前我国农民工社会保障模式的评估．人口经济，2008（4）

[29] 骆正清，陈周燕，陆安．人口因素对我国基本养老保险基金收支平衡的影响研究．预测，2010（2）

[30] 穆怀中．社会保障收入再分配性质与途径研究．中国社会保障，2004（7）

[31] 穆怀中．社会保障制度国际比较．北京：中国劳动社会保障出版社，2007

[32] 裴丽侠．我国基本养老保险的区域性差异分析．首都经贸大学硕士学位论文，2010

[33] 齐娜，杨伟伟．城镇不同行业的养老保险差异分析与应对措施．劳动保障世界，2010（6）

[34] 乔骏．试论养老保险和国有企业改革．中国林业企业，2003（3）

[35] 邱丹，赵庆先．“空账”问题的成因及对策分析．特区经济，

2005 (2)

[36] 社会保障课题组．我国养老保险覆盖面扩大及可持续性分析．统计研究，2008 (12)

[37] 世界银行．老年保障：中国的养老金体制改革．北京：中国财政经济出版社，1997

[38] 世界银行．中国经济季报．第 2 季，2010－06

[39] 宋长青．关于我国社会保障覆盖面的探讨．统计研究，2004 (3)

[40] 宋马林，杨杰，杨彤．社会保障体系完善与社会经济可持续发展．公共管理学报，2010 (7)

[41] 宋晓梧等．解决隐性债务问题，深化养老保险制度改革．中国经济时报，2000－05－09

[42] 苏春红．人口老龄化的经济效应与中国养老保险制度选择．山东大学博士论文，2010

[43] 苏晓玉．我国养老保险基金缺口的成因与对策．中国劳动保障，2006 (3)

[44] 孙国玉，耿树艳，陈雷．养老金制度变迁及碎片化探缘．保险研究，2010 (9)

[45] 孙祁祥．“空账”与转轨成本：中国养老保险体制改革的效应分析．经济研究，2001 (5)

[46] 谭伟，吴永求．社会保障水平适度性研究．西北人口，2011 (3)

[47] 王晓军．中国养老金制度及其精算评价．北京：经济科学出版社，2000

[48] 吴永求，冉光和．基本养老保险参保行为分析．数量经济技术经济研究，2012 (1)

[49] 吴永求，王险峰．养老保险参保行为理论及实证研究．经济与管理，2012（5）

[50] 吴永求．养老保险覆盖面扩大：现状、挑战及政策选择．保险研究，2012（10）

[51] 吴永求，冉光和．农村养老保险制度吸引力及公平性研究．经济与管理研究，2012（10）

[52] 谢勇，李放．农民工参加养老保险意愿的实证研究——以南京市为例．人口研究，2009（3）

[53] 许淑君．养老保险"空账"问题寻解．中国社会保障，2004（7）

[54] 杨方方．中国社会保险中的政府责任．中国软科学，2005（12）

[55] 姚俊．农民工参加不同社会养老保险意愿及其影响因素研究——基于江苏五地的调查．中国人口科学，2010（3）

[56] 印飞，刘洋，顾晓瑜．基本养老保险基金需求预测研究．全国商情（经济理论研究），2008（19）

[57] 雍岚，孙博，张冬敏．西部地区从业农民工社会养老保险需求的影响因素分析——基于西安市农民工的调查．西北人口，2007（6）

[58] 余筱箭，郭杨，俞自由．论养老保险模式的比较．保险研究论坛，2000（8）

[59] 袁文全，邵海．社会养老保险城乡一体化的理论基础与制度设计．社会科学辑刊，2009（6）

[60] 翟文．对我国养老保险金隐性债务问题的研究．求实，2009（2）

[61] 张暗礁．养老保险基金支付风险及对策研究．劳动保障世界，2010（9）

[62] 张光，杨晶晶．基本养老保险覆盖面扩展决定因素及实证研

究．社会，2007（27）

［63］张娜．农民工养老保险的困境及其影响因素．劳动保障世界，2011（2）

［64］张思锋，王立剑，张文学．人口年龄结构变动对基本养老保险基金缺口的影响研究——以陕西为例．预测，2010（2）

［65］张松．中国人口老龄化背景下的养老保险研究．吉林大学博士学位论文，2009

［66］郑秉文．中国社会保险“碎片化制度”危害与“碎片化冲动”探源．社会保障研究，2009（1）

［67］郑功成．中国社会保障改革与发展战略——理念、目标与行动方案．北京：人民出版社，2008

［68］郑功成．社会保障：调节收入分配的基本制度保障．中国党政干部论坛，2010（6）

［69］郑功成．中国社会保障改革与发展战略．北京：人民出版社，2010

［70］Aspalter，Christian. 2003. *Welfare Capitalism Around the World*. Taiwan：Casa Verde Pub

［71］Aspalter，Christian，Kim Jinsoo and Park Sojeung. 2008. “Analysing the Welfare State in Poland，the Czech Republic，Hungary and Slovenia：An Ideal-Typical Perspective”，*Social Policy and Administration*，43（2）

［72］Aspalter，Christian. 2009. “Securing the Future for Old Age in the Asia and Pacific Region：Short-term and Historical Challenges”，ISSA，*Regional Social Security Forum for Asia and the Pacific*

［73］Aspalter，Christian，Yasuo Uchida and Robin Gauld. 2011. *Health Care Systems in Europe and Asia*. New York：Routledge

[74] Barr, Nicholas. 1998. *The Economics of Welfare State*. Oxford: Oxford University Press

[75] Barrientos, Armando. 2008. "Extending the Coverage of Social Security Pensions: New Strategies for Old-age Income Security in Africa", ISSA. *Regional Social Security Forum for Africa*

[76] Bonoli, Giuliano and Toshimitsu Shinkawa. 2005. *Ageing and Pension Reform Around the World*. Massachusetts: Edward Elgar Publishing Limited

[77] Bräuninger, Michael. 2005. "Social Security, Unemployment and Growth", *International Tax and Public Finance*, 12 (4)

[78] Capretta, James C. 2007. *Global Aging and the Sustainability of Public Pension Systems: An Assessment of Reform Efforts in Twelve Developed Countries*. Washington D. C.: Published by Center for Strategic & International Studies

[79] Carmelo, Mesa-Lago. 2008. "Informal Employment and Pension and Healthcare Coverage by Social Insurance in Latin America", *IDS Bulletin-Institute of Development Studies*, 39 (2)

[80] Carmelo, Mesa-Lago. 2008. *Reassembling Social Security: A Survey of Pensions and Health Care Reforms in Latin America*. Oxford: Oxford University Press

[81] Chawla, Mukesh, Gordon Betcherman, Arup Banerji. 2010. *From Red to Gray: The Third Transition of Aging Populations in Eastern Europe and the Former Soviet Union*. Washington, D. C.: Published by World Bank

[82] Ferreira, Francisco H. G. and David Robalino. 2010. "Social Protection in Latin America: Achievements and Limitations", Policy Research Working Paper, No. 5305. Washington, D. C: World Bank

[83] Filho, de Carvalho and Irineu Evangelista. 2008. "Old-Age Benefits and Retirement Decisions of Rural Elderly in Brazil", *Journal of Development Economics*, 86 (1)

[84] Fu, Tsung-his and Rhidian Hughes. 2009. *Ageing in East Asia: Challenges and Policies for the Twenty-First Century*. London: Routledge

[85] Giancarlo, Corsetti. 1994. "An Endogenous Growth Model of Social Security and the Size of the Informal Sector", *Revista de Analisis Economico*, 1 (9)

[86] Giancarlo, Corsetti and Schmidt Hebbel. 2006. *The Economics of Pensions: Principles, Policies and International Experience*. Cambridge: Cambridge University Press

[87] Gøsta, Esping-Andersen. 2002. *Why We Need a New Welfare State*. Oxford: Oxford University Press

[88] Harris, John R. and Michael P. Todaro. 1970. "Migration, Unemployment and Development: A Two-Sector Analysis", *American Economic Review*, 60 (1)

[89] Heller, Peter S. 2006. "Is Asia Prepared for an Aging Population?", Working Paper. No. 06-272. Washington D. C.: IMF

[90] Holzmann, Robert, Truman Packard and Jose Cuesta. 2001. "Extending Coverage in Multi-pillar Pension Systems: Constraints and Hypotheses, Preliminary Evidence and Future Research Agenda in New Ideas about Old Age Security", Social Protection Discussion Paper Series, No. 0002. Washington, D. C.: World Bank

[91] Holzmann, Robert, McArthur I., and Sin Y. 2001. "Pension Systems in East Asia and the Pacific: Challenges and Opportunities", So-

cial Protection Discussion Paper Series, No. 0403. Washington D. C.: World Bank

[92] Holzmann Robert, David A. Robalino and Noriyuki Takayama. 2009. *Closing the Coverage Gap: The Role of Social Pensions and Other Retirement Income Transfers*, Washington, D. C.: Published by World Bank

[93] Horiba, Yutaka and Kazuo Yoshida. 2002. "Determinants of Japanese Corporate Pension Coverage", *Journal of Economics and Business*, 54 (5)

[94] Kanjanaphoomin, Niwat. 2004. "Pension Fund, Provident Fund and Social Security System in Thailand". *Pensions in Asia: Incentives, Compliance and Their Role in Retirement*. Tokyo: the International Conference

[95] Kitamura, Yukinobu and Noriyuki Takayama. 2009. "How to Make the Japanese Public Pension System Reliable and Workable", *Asian Economic Policy Review*, 4 (1)

[96] Luchak, Andrew A., Tony Fang and Morley Gunderson. 2004. "How Has Public Policy Shaped Defined-Benefit Pension Coverage in Canada?", *Journal of Labor Research*, 25 (3)

[97] Muhanna, Ibrahim. 2009. "Overview of Main Features of Pension Systems in the MENA Region: Challenges for Development", OECD/IOPS MENA Workshop on Pension Regulation & Supervision. http://www.iopsweb.org/dataoecd/45/3/42154006.pdf

[98] Neumark, David and Elizabeth Powers. 2000. "Welfare for the Elderly: The Effects of SSI on Pre-retirement Labor Supply", *Journal of Public Economics*, 78 (1-2)

[99] Nomura, Akiko. 2009. "Japan's Pension System: Shift Toward Greater Self-Reliance Is Unavoidable", *Nomura Journal of Capital Markets*, 1 (2)

[100] OECD. 2007. "Social Expenditure Statistics of OECD Member's Countries", OECD Labour Market and Social Policy Occasional Papers. No. 17. Paris: Published by OECD

[101] OECD. 2007. "The Social Expenditure Database: An Interpretative Guide, SOCX 1980-2003", Paris: Published by OECD

[102] OECD. 2010. "National Accounts of OECD Countries: Main Aggregates 2002-2009", Paris: Published by OECD

[103] OECD. 2011. "Pensions at a Glance 2011: Retirement-income Systems in OECD and G20 Countries", Paris: Published by OECD

[104] Packard, Truman G. 2001. "Is There A Positive Incentive Effect From Privatizing Social Security? Evidence from Latin America", Latin America and the Caribbean Region Human Development Sector Unit Working Paper. No. 2719. Washington, D. C. : World Bank

[105] Park, Donghyun. 2009. "Ageing Asia's Looming Pension Crisis", ADB Economics Working Paper Series, No. 165, Manila: Asian Development Bank

[106] Pfau, Wade D. and Vararat Atisophon. 2009. "Impact of the National Pension Fund on the Sustainability of Elderly Pensions in Thailand", *Asian Economic Journal*, 23 (1)

[107] Ramesh, M. 2003. *Globalization and Social Security Expansion in East Asia*. Cambridge: Cambridge University Press

[108] Rofmann, Robert and Leonardo Lucchetti. 2006. " Pension Systems in Latin America: Concepts and Measurements of Coverage", So-

cial Protect Discussion Paper, No. 0616. Washington, D. C.: World Bank

[109] Sakamoto Junichi. 2009. "Demographic Aging and Japan's Public Pension System", *Nomura Research Institute Lakyara*, 54 (4)

[110] Salditt, Felix, Peter Whiteford and Willem Adema. 2007. "Pension Reform in China: Progress and Prospects", OECD Social, Employment and Migration Working Papers, No. 53. Paris: OECD

[111] Saruyama, Sumio. 2008. "Does a Tax-Financed Public Pension System Favor Corporations?", JCER Staff Report. Tokyo: Japan Center for Economic Research

[112] Social Security Administration. 2010. "Social Security Programs Throughout the World", Washington, D. C.: Published by SSA

[113] Valdés-Prieto, Salvador. 2005. "Social Security Coverage in Chile, 1990-2001", Social Security Reform Report. No. 30495. Washington, D. C.: World Bank

[114] Valdés-Prieto, Salvador. 2008. "A Theory of Contribution Density and Implications for Pension Design", Pension Reform Primer Series. Social Protection Discussion Paper. No. 0828. Washington, D. C.: World Bank

[115] Vidlund, Mika and Jarna Bach-Othman. 2009. "Pension Contribution Level in Nine European Countries", Working Papers, No. 1. Helsinki: Finnish Centre for Pensions

[116] Yabiku, Scott T. 2000. "Family History and Pensions: The Relationships Between Marriage, Divorce, Children and Private Pension Coverage", *Journal of Aging Studies*, 14 (3)

图书在版编目(CIP)数据

中国养老保险扩面问题研究/吴永求著.—北京：中国人民大学出版社，2014.5
ISBN 978-7-300-19201-7

Ⅰ.①中… Ⅱ.①吴… Ⅲ.①养老保险制度-研究-中国 Ⅳ.①F842.67

中国版本图书馆 CIP 数据核字（2014）第 079031 号

中国养老保险扩面问题研究

吴永求　著

Zhongguo Yanglao Baoxian Kuomian Wenti Yanjiu

出版发行	中国人民大学出版社		
社　　址	北京中关村大街 31 号	**邮政编码**	100080
电　　话	010－62511242（总编室）		010－62511770（质管部）
	010－82501766（邮购部）		010－62514148（门市部）
	010－62515195（发行公司）		010－62515275（盗版举报）
网　　址	http://www.crup.com.cn		
经　　销	新华书店		
印　　刷	唐山玺诚印务有限公司		
开　　本	720 mm×1000 mm　1/16	**版　　次**	2014 年 5 月第 1 版
印　　张	12 插页 1	**印　　次**	2024 年 6 月第 2 次印刷
字　　数	157 000	**定　　价**	72.00 元